독자의 1초를 아껴주는 정성!

세상이 아무리 바쁘게 돌아가더라도
책까지 아무렇게나 빨리 만들 수는 없습니다.
인스턴트 식품 같은 책보다는
오래 익힌 술이나 장맛이 밴 책을 만들고 싶습니다.

땀 흘리며 일하는 당신을 위해
한 권 한 권 마음을 다해 만들겠습니다.
마지막 페이지에서 만날 새로운 당신을 위해
더 나은 길을 준비하겠습니다.

독자의 1초를 아껴주는
정성을 만나보십시오.

미리 책을 읽고 따라해 본 2만 베타테스터 여러분과
무따기 체험단, 길벗스쿨 엄마 기획단,
시나공 평가단, 토익 배틀, 대학생 기자단까지!
믿을 수 있는 책을 함께 만들어주신 독자 여러분께 감사드립니다.

(주)도서출판 길벗   www.gilbut.co.kr
길벗이지톡   www.eztok.co.kr
길벗스쿨   www.gilbutschool.co.kr

부자엄마
투자수업

부자엄마 투자수업

초판 1쇄 발행 · 2021년 1월 10일
초판 3쇄 발행 · 2021년 2월 25일

지은이 · 권선영(왕비)
발행인 · 이종원
발행처 · (주)도서출판 길벗
출판사 등록일 · 1990년 12월 24일
주소 · 서울시 마포구 월드컵로 10길 56(서교동)
대표 전화 · 02)332-0931 | **팩스** · 02)323-0586
홈페이지 · www.gilbut.co.kr | **이메일** · gilbut@gilbut.co.kr

기획 및 책임편집 · 박윤경(yoon@gilbut.co.kr) | **영업마케팅** · 정경원, 최명주
웹마케팅 · 김진영, 장세진 | **제작** · 손일순 | **영업관리** · 김명자 | **독자지원** · 송혜란, 윤정아

구성 및 정리 · 이정임 | **교정교열** · 김동화 | **디자인 및 전산편집** · 어나더페이퍼
CTP 출력 및 인쇄 · 북토리 | **제본** · 신정문화사

©권선영(왕비), 2021
ISBN 979-11-6521-369-5 13320
(길벗 도서번호 070430)

정가 16,000원

독자의 1초를 아껴주는 정성 길벗출판사

길벗 | IT실용, IT/일반 수험서, IT전문서, 경제실용서, 취미실용서, 건강실용서, 자녀교육서
더퀘스트 | 인문교양서, 비즈니스서
길벗이지톡 | 어학단행본, 어학수험서
길벗스쿨 | 국어학습서, 수학학습서, 유아학습서, 어학학습서, 어린이교양서, 교과서

네이버포스트 post.naver.com/gilbutzigy
유튜브 www.youtube.com/ilovegilbut
페이스북 www.facebook.com/gilbutzigy

29년 부동산 투자로 50억 자산가가 된

엄마가 전하는 부자의 비밀

부자엄마
투자수업

권선영(왕비) 지음

길벗

◇◇◇

현재 마흔아홉 살인 저는 흙수저 중에서도 흙수저입니다. 그런데 지금은 종합부동산세를 꽤 많이 내고 있죠. 투자 인생 29년 차, 필드에서 별다른 스캔들 없이 살아남았습니다.

요즘 같이 뒤숭숭한 때에 무슨 부동산 투자 이야기를 하느냐고요? 저는 사람들에게 부동산 투자를 해 졸부가 되라고 말하지 않습니다. 낼 세금 제대로 내고, 똑똑하게 투자하라고 강조하죠. 저는 돈도 중요하지만 부자 마인드가 대물림되어야 한다고 생각합니다.

흙수저이지만 길을 찾고 싶다면,
아이를 위해 무언가를 하고 싶다면,
부자엄마의 지지 않는 마인드와
투자법을 만나보시기 바랍니다.

◇◇◇

닿을 수 없는 하늘에 계신 어머니를 위해,
그리고 다시 태어나도 너희의 엄마이고 싶은
승현이, 수현이를 위해

부자엄마가 될 것인가,
가난한 엄마로 살 것인가

: 부에 관한 통찰력이 필요한 때

돈이 인생의 전부가 아니라고 말하는 사람들이 있습니다. 과연 그들 중에 진짜 부자가 있을까요? 그런 말은 가난한 사람이 자신을 합리화할 때 주로 사용합니다.

이 책은 "나는 부자가 될 수 있다! 나는 돈을 사랑한다!"라고 외칠 줄 아는 사람이 읽었으면 합니다.

열심히 일하고 부지런히 살며 알뜰하게 저축해도 가난에는 이자가 붙습니다. 엄마가 되면 더 잘 알 것입니다. 진짜 가난하면 가족도 외면합니다. 아무도 도와주지 않죠.

국가도 마찬가지입니다. 국가로부터 전폭적인 지원을 기대하기 힘들죠. 누구에게도 기대해서는 안 됩니다.

그런 상황을 이겨내려면 부에 관한 통찰력을 가져야 합니다. 단순히 1억 원을 벌려면 열심히 일하면 되지만 10억 원, 20억 원을 모으려면 어떻게 해야 할까요?

저는 20대에 처음 부동산 투자를 시작했습니다. 작은 집을 사서 월세를 수금하러 다녔죠. 30대엔 물고기를 잡는 방법을 배우기 위해 10년 동안 이론 공부를 하며 필드 학습에 투자했습니다. 그리고 40대에 접어들면서 제자들을 가르치고 투자자로서 입지를 다졌습니다.

투자자로서의 지난 30여 년을 돌아보면, 10년은 돈을 벌었고, 10년은 지식을 쌓았으며, 10년은 필드에서 혼자 살아남았습니다. 제가 영리해서가 아니라 의지가 운명을 바꿨다고 생각합니다. 제가 투자 공부를 하기 위해 쓴 기찻값과 기름값이 강남 아파트 한 채 값이라면 믿으시겠습니까? 이기기 위해서는 스스로 준비해야 합니다.

: 엄마여서 잘 해냈다

현재 저는 마흔아홉 살로, 돈을 번 지 32년이 되었습니다. 이 나이에 돈을 번 지 32년째라니, 조금 이상하죠? 가난한 가정 환경 탓에 어린 시절부터 돈을 벌어야 했습니다.

지독한 가난으로 인해 제 어머니는 약 한 번 제대로 써 보지 못하고 저세상으로 떠났습니다. 어린 시절에는 부모님이 고아원에 버리지 않은 것을 감사하게 생각하며 살았죠. 고등학교 때는 기숙학교에서 지내며 낮에는 공장에서 일하고, 밤에는 공부를 해 힘들게 졸업장을 받았습니다.

우리 부모님 세대가 겪었을 법한 이야기 같죠? 지금 생각해보면, 지독한 가난 덕분에 가난에 대해, 부에 대해 누구보다 치열하게 연구할 수 있지 않았나 싶습니다.

저는 가난을 끊어내고 싶어 누구보다 열심히 일했습니다. 그리고 기필코 부자가 되겠다고 의지를 다졌죠. 나름대로 인생을 개척하며 어른이 되었고, 어느 정도 숨통이 트여 정신을 차려보니 두 아이의 엄마가 되어 있었습니다.

인생이란 그렇더군요. 혼자 살아내기에도 버거운데, 어린 두 아이가 "엄마!"라고 부르며 제 품에 안겼습니다. 모질게도 운명은 저를 혼자서 가정을 책임져야 하는 자리에 데려다 놓았습니다. 숨이 막힐 때도 많았지만, 저는 엄마라는 자리에서 도망치지 않았습니다.

그동안 저는 '세상아, 덤벼라! 나는 살아남을 것이다. 난 엄마니까!'라고 외치며 살았다고 생각했습니다. 그런데 혼자 투쟁한 것 같은 순간에도 저는 결코 혼자가 아니었습니다. 제가 아이들을 키운 게 아니라 아이들이 저를 진짜 사람이 되게 만들었습니다. 제 삶을 바꾼 것은 부를 향한 열망이었지만, 진짜 나를 살게 한 건

엄마라는 이름이었습니다.

: 오래가는 부를 만드는 마인드

제가 부자가 되고 싶었던 건 가난에 대한 한도 있었지만, 사실 아이들을 위해서였습니다. 아이들에게 가난을 물려주고 싶지 않았죠.

저는 가난하게 태어나 가난에 대한 비밀을 많이 알고 있습니다. 가난한 사람들이 안타까운 것은 먹는 게 형편없거나 옷을 후줄근하게 입어서가 아닙니다. 그들은 마인드가 가난합니다.

점점 더 가난해지는 사람들은 반드시 이유가 있습니다. 그들은 특정한 마인드 때문에 스스로 더 가난하고 소외된 동네로 밀려납니다.

저는 늘 부자 마인드를 익혀야 한다고 강조합니다. 단지 '돈이 궁하니 돈 좀 벌어봤으면', '어디 쉽게 돈 벌 수 있는 방법 없나?' 하는 자세로는 돈도 벌 수 없을 뿐만 아니라 자기 인생도 잘 살 수 없습니다.

그리고 돈 버는 단순 테크닉만 가지고는 '부'를 논할 수 없습니다. 최근 몇 년 동안 갭 투자자들이 부동산 투자에 대해 논하는데, 본질을 봐야 합니다. 부패와 숙성이 다르듯, 쉽고 빠르게 돈을 벌어서는 부자로 오래 살기 힘듭니다.

: 두 갈래 길 앞에서

여러 정권을 거치고, 부동산 업계에서 호경기와 불경기를 두루 경험하며 살아남은 저의 이야기가 요즘 같이 뒤숭숭한 때에 큰 도움이 될 것이라 생각합니다. 인생을 길게 보며 본질을 짚으려 하는, 즉 졸부가 아닌 대대로 부자가 되고 싶어 하는 사람들에게는 말입니다. 엄마 스스로가 부자들의 생각과 마인드, 행동을 익힌다면 자식에게 부는 물론, 부의 라이프스타일도 물려줄 수 있습니다.

행복한 삶을 살고 싶나요? 내 소중한 인생을 빼앗기고 싶지 않나요? 자식에게 달콤한 자유를 선물해주고 싶나요? 오래도록 유지되는 부를 갖고 싶나요? 그렇다면 지금 당장 질문하고 선택해야 합니다.

저는 20대 때 저 스스로에게 매우 진지하게 이런 질문을 던졌습니다.

'궁색한 아줌마로 살 것인가, 도도한 왕비로 살 것인가?'

미국의 시인 로버트 프로스트의 유명한 시 〈가지 않은 길〉에 '숲속에 두 갈래 길이 있었고, 나는 사람들이 적게 간 길을 택했다'라는 문구가 있습니다. 저는 이 문구처럼 사람이 적게 간 길을 택했습니다. 그리고 그 때문에 모든 것이 달라졌습니다.

이 책을 끝까지 읽는다면 여러분도 자신에게 진지하게 질문하게 될 것입니다.

'부자엄마가 될 것인가, 가난한 엄마로 살 것인가?'

여러분이 부자엄마가 되는 길에 많은 기적이 함께하길 바랍니다.

부자를 꿈꾸기 좋은 날에
王妃 권선영

| 차례 |

1장
부자엄마가 되기 전에 알아야 할 것

2장

부자엄마의 지지 않는 부동산 투자법

부자엄마를
만드는
열두 가지 법칙

1장

부자엄마가 되기 전에 알아야 할 것

가난해지면 늘 시간에 쫓기고 자유를 억압받습니다. 누구든 자유가 있다면 자기 수준을 업그레이드할 수 있고, 배울 수 있고, 무엇이든 급박하지 않게 선택할 수 있습니다. 부는 단순히 돈의 문제가 아닙니다. 부로써 얻는 것은 바로 자유입니다. 지금 여러분이 엄마라면 자유를 누리기 위해서라도 부자 엄마를 꿈꾸길 바랍니다.

1

부자들이
말하지 않는 진실

진짜 부자들은 골치 아픈 일에 관여하지 않습니다. 그들은 누군가의 인생에 끼어드는 일에 자신의 에너지를 쏟아내지 않죠. 가난한 마인드를 가진 사람들을 보면 안타까워 해주고 싶은 말이 많지만, 굳이 하지 않습니다. 부자들이 알고 있는, 굳이 말하지 않는 부의 진실은 무엇일까요?

: 부동산 투자의 종말

최근 급상승한 부동산 시장에서 3~4년 만에 부자가 되었다는 사람들의 이야기에 마음이 뒤숭숭하셨을 겁니다. 그런데 그렇게 떠드는 사람들이 다음 정권의 달라진 부동산 정책하에서는 어떻게 될지 참 궁금합니다. 부동산 투자는 길게 보아야 합니다.

많은 사람이 강남을 입에 올립니다. 그런데 저는 강남에 살아보지 않고서는 강남 이야기를 하지 말라고 합니다. 강남 안에서 바라보는 대한민국 부동산 시장 전망은 요즘 한창 떠도는 이야기와 사뭇 다릅니다.

뉴욕에서 돈 자랑하지 말고, 보스턴에서 학벌 자랑하지 말고, 워싱턴에서 가문 자랑하지 말라는 말이 있습니다. 우리나라에서는 돈, 학벌, 집안 다 가진 곳이 바로 강남입니다. 지하철 선로가 강남을 많이 지나갈수록 가치 있는 노선이라고들 하죠.

요즘 강남의 카페에서 셋 이상만 모이면 죄다 부동산 이야기를 합니다. 강남은 규제 때문에 재건축·재개발이 쉽지 않습니다. 강남에는 신규 아파트를 지을 땅이 없고, 나라 전체로도 인플레이션이 매우 심합니다. 금리는 올라갈 기미가 보이지 않고 있죠.

최근 연예인이나 스포츠 스타들이 강남의 꼬마 빌딩을 구입해 자산을 증식했다는 이야기가 심심찮게 들립니다. 세상의 모든 길은 로마로 통한다고 하죠. 마찬가지로 대한민국의 모든 길은 강남을 통할 것이기에 많은 사람이 강남에 관심을 보입니다.

왜 그럴까요? 강남뿐 아니라 위치가 좋은 지역은 무조건 부동산 가격이 오를 것이라 판단하기 때문입니다. 결국 정책의 흐름은 바뀌게 되어 있습니다.

시간이 흐를수록 사회 계층의 양극화는 더욱 심해질 것입니다. 계층 이동의 사다리는 사라졌습니다. 앞으로 대출 규제가 풀린다 해도 진입장벽 자체가 지나치게 높아 일반인들은 부동산 투자로 큰돈을 벌 가능성이 적습니다.

이제는 인플레이션 방어를 위해 집을 사는 것이지, 집으로 큰 부자가 되는 길은 끝났습니다. 단순히 부동산이 끝났다는 게 아니라, 재테크의 종말입니다.

저는 2008년에 화폐개혁이 되면 부동산이 폭등할 것이라 예언했습니다. 지금도 8년 안에 10만 원권이 나올 것이라 예상합니다. 빚을 절상시키려면 화폐개혁을 하지 않을 수 없으니까요. 그러면 물가는 무섭게 올라갈 것이 분명합니다.

경기가 제 예상대로 흘러간다면 강남은 블랙홀화가 되어 값이 더 올라가고, 지방부터 서서히 붕괴될 것입니다. 부동산 거래 절벽으로 이어질 것이고요. 경기는 좋지 않은데 부동산만 급등한 일본의 전철을 밟아가지 않을까 싶습니다.

정부에서는 세종시 카드를 꺼냈지만, 기업들의 돈은 서울에 있습니다. 정부청사를 옮긴다고 큰 변화가 있을까요? 앞으로 서울은 백만장자의 평균화가 되어갈 것입니다.

강남구의 압구정동, 신사동, 청담동을 비롯한 열한 개 동네의 25평 아파트 가격이 평준화되고 있습니다. 이제 그곳의 나홀로 빌라 가격은 10억 원대입니다.

사람들은 매매가만 보느라 월세를 잘 보지 않습니다. 예를 들어 대치 팰리스의 현재 월세는 몇 년 전 전세가에 월세를 붙인 가격입니다. 33평 기준, 매매가 30억 원짜리 집의 월세는 평균 보증금 10억 원에 월세 500만 원입니다. 월세를 보면 집값의 추이가 더 잘 보입니다.

돈이 흘러가는 흐름을 보면 더욱 명확해지는 게 있습니다. 이것은 부동산 투자에 대한 이야기라기보다는 자기 삶의 태도를 완전히 뒤집어 다시 바라봐야 하는 문제입니다.

: 세상 참 많이 바뀌었다

왜 열심히 일하며 사는데 가난한 걸까요? 저녁이 있는 삶으로 바뀌면 더욱 행복할까요? 오래 사는 일은 축복일까요? 뉴스를 일부러 보지 않아도 알게 되는 경제 현상들이 있습니다. 그리고 경제를 조금만 공부해도 체감할 수 있는 것들이 있습니다.

비혼, 저출산, 고령화로 이어지는 현실이 돈을 향해 총, 칼 없는 전쟁이 벌어질 것을 예고하고 있습니다. 화폐 전쟁과 금리 전쟁이 벌어지고, 물가 폭등과 기후 변화로 식량 전쟁까지 준비해야 한다고 말하는 전문가도 있습니다.

제가 부동산 투자를 처음 시작했을 때는 고성장 시대여서 경기가 좋았고 일자리도 많았습니다. IMF 때 경제 활동을 한 사람들 중에는 고등학교만 졸업하고 생업 전선에 뛰어든 사람도 많았죠.

부자엄마 투자수업

그런데 요즘은 오히려 잉여 스펙이 문제가 되고 있습니다. 교육이 미래라고 믿지만, 그래서 우리의 교육 수준이 높아진 것이 잘된 일이라고 생각하지만, 이제는 공부를 잘해 좋은 대학을 졸업해도 취직은커녕 먹고살기가 힘듭니다.

그래도 한쪽에서는 많은 젊은이가 해외여행을 떠나고, 브랜드 옷을 소비합니다. 명품은 이미 대중화가 되었죠. 확실히 소비에 대한 생각과 가치관이 참 많이 바뀌었습니다.

종합해보면 겉은 예전보다 훨씬 화려하고 여유로워졌는데, 내실은 그렇지 않습니다. 소비할 것은 많은데 소비할 수 없어 답답하고, 인생을 바꿀 사회적 기회도 많이 줄어들었죠.

그렇기 때문에 다들 돈, 돈 합니다. 29년 전 제가 부동산에 대해 처음 배우고자 할 때만 해도 부동산에 관심 있는 사람은 그리 많지 않았습니다. 그런데 지금은 초등학생조차 건물주가 되고 싶다고 말합니다. 불확실한 시대의 가장 확실한 투자법은 부동산이라고 생각하는 사람이 많다는 의미입니다.

: 여전히 바뀌지 않는 가난한 생각

이렇게 사람들의 생각과 형편이 많이 바뀌었는데도, 여전히 달라지지 않는 생각이 있습니다. 제가 투자자로서 살아온 29년 동안 가장 많이 받은 질문은 바로 이것입니다.

"지금 집을 사도 괜찮을까요?"

그리고 두 번째, 세 번째로 많이 받은 질문은 이것입니다.

"대출을 받아 집을 사도 괜찮을까요?"

"집을 샀는데, 가격이 오르지 않으면 어떻게 하죠?"

이런 질문들을 받으면 최대한 성실하게 대답해드렸습니다. 그런데 어느 날부터 입을 닫아버렸죠. 이제는 부의 척도가 월 소득이 아니라 부동산이고, 그것으로 운명이 결정된다는 것을 알고 있지만 이를 설득시키기가 쉽지 않아서였습니다.

예전에는 다양한 종류의 사람들과 많은 논쟁을 벌이며 논리적으로 설명하려 했습니다. 그런데 어느 순간, 내 생각을 믿지 않는 사람들을 설득하는 것이 부질없게 느껴졌습니다.

부는 세습됩니다. 상속과 증여는 멈추지 않죠. 마찬가지로 빈곤도 세습됩니다. 자산 증식의 비밀, 특히 부동산을 모르면 평생 일을 해도 가난을 면할 수 없습니다.

제4차 산업혁명은 중간관리자가 퇴출되는 것으로 시작하죠. 노년의 빈곤은 곧 내 이야기가 될 것입니다. 노동으로, 금융 수입으로 결코 부동산 상승을 따라잡지 못할 것입니다. 과연 무엇이 우리의 미래를 안전하게 만들어줄까요? 높은 직급이 빈곤을 막아줄까요? 학벌이 가난의 대물림을 끊어줄까요?

제가 어렸을 적엔 초코파이, 새우깡, 부라보콘이 50원이었습니다. 지금은 50원이 길거리에 떨어져 있어도 주워 가는 사람이 없죠. 물가가 참 많이 올랐습니다. 그런데 물가가 아무리 많이 올랐어도 집값이 오른 수준을 따라갈 수 없습니다.

제게 "지금 집을 사도 괜찮을까요?"라고 질문하는 바보들은 이런 이유들을 거론합니다.

- 경제가 어렵다.
- 경기가 위기다.
- 내수가 침체다.
- 자영업은 몰락한다.
- 금리가 오르기 때문에 부동산은 신중해야 한다.

맞습니다. 틀린 말은 아니죠. 그런데 저는 이 말을 29년째 듣고 있습니다. 제가 체감하는 세상은 바뀌었어요.

- 10년 전에 비해 전셋값이 두세 배 뛰었다.
- 10년 전에 비해 외제차가 즐비하다.
- 10년 전에 비해 10억 원이 넘는 아파트가 많아졌다.
- 10년 전에 비해 해외여행을 가는 사람이 많아졌다.
- 10년 전에 비해 사람들이 돈을 더욱 잘 쓴다.

현재 여러분은 어디에서, 어떻게 살고 있나요? 기억을 더듬어 10년 전인 2011년에는 어디에서, 어떻게 살았나요? 더 오래전인 2001년에는요? 과거에 배우자의 말을 듣지 않고 과감하게 부동산을 산 사람들은 현재 어떤 삶을 살고 있나요?

물론 여전히 자식 교육에 인생을 몽땅 거는 사람도 있고, 노후 준비는커녕 내 집 하나 마련하지 못한 사람도 있고, 빚이라면 무조건 싫어하는 사람도 있습니다. 자본주의 사회에서는 불평등이 평등이라는 사실을 모르는 사람도 있죠.

부동산과 관련하여 무식하게 딱 두 부류로 나눠볼까요? '부동산 가격이 상승한다'에 인생을 건 사람과 '부동산 가격이 떨어진다'에 인생을 건 사람!

우리 모두는 자기 소신대로 인생을 삽니다. 다만 돈은 눈에 잘 보이지 않아 모를 수도 있고, 돈 공부를 하지 않아 보고도 그냥 지나쳐버릴 수도 있습니다.

이것만 알아두세요. 무주택자와 다주택자는 절대 소신이 같지 않습니다. 집주인과 세입자는 생각부터 다릅니다. 어떠한 분쟁이 발생했을 때 집주인과 세입자, 양쪽 입장을 모두 경험해보면 알 수 있습니다.

부자들은 여전히 부동산 투자에 대한 믿음을 가지고 있습니다. 그들을 실제로 만나봐야 그들이 가진 생각이 이해가 될 텐데, 안타깝게도 부자들은 아무나 만나주지 않습니다. 부자들만이 알고 있는 부의 진실, 너무 궁금하지 않나요?

: 빈자와 부자, 어디서 갈리는가

10년 전 제 꿈은 부자엄마가 되는 것이었습니다. 내 기반은 엄마이고, 내 정신적 지주는 아이들이며, 내 목표는 부동산이고, 내 미래는 경제적 자유라고 생각했습니다.

저는 돈의 본질은 사랑이라고 생각합니다. 아프리카의 기아 문제도 돈으로 해결할 수 있죠. 부모가 가난하면 아이를 사랑하며 사는 일조차 사치가 됩니다. 아이를 떼어놓고 일하는 엄마에게 돈은 자식을 만나는 지름길이고, 하이패스이고, 사다리가 아닐까요?

누군가는 이렇게 대놓고 돈을 예찬하는 저를 욕할지도 모릅니다. 저는 가난이 싫어서, 사랑하는 아이들을 지키기 위해서 돈을 벌었습니다. 멀리 보고 부동산을 투자의 기반으로 삼았고, 모든 에너지를 거기에 쏟아부었습니다.

저는 돈을 벌기 위해 공부했습니다. 공부는 계속 자극을 받을 수 있는 통로이니까요. 돈 공부는 하면 할수록 내가 아직 모르는 것이 많다는 사실을 깨닫게 해줍니다. 사실 배우는 것이 돈 버는 것보다 훨씬 중요합니다.

제가 이런 생각을 가지고 치열하게 사는 사람이다 보니, 다른 사람들도 저와 비슷할 줄 알았습니다. '다른 사람들은 어떻게 투자하며 살까?' 궁금한 마음에 지난 16년 동안 제가 진행한 부자 수업에 참여한 분들과 이야기를 나눠왔습니다.

사실 꽤 놀라웠습니다. 부자가 되지 못한 사람들은 투자를 잘 하지 못해서가 아니라 돈에 대한 생각, 투자에 대한 가치관 자체가 부자들과 너무나 달랐습니다.

일부는 누군가의 소개로 몇 차례 투자를 해본 적이 있었지만 대부분은 자신이 살고 있는 집 외에 투자는 한 번도 해본 적이 없었습니다. 재미로 수업을 듣는 사람이 많았죠.

부동산 세미나나 교육을 듣는 분들 중에는 투자보다 공부 자체에 목적이 있는 사람이 많았고, 대부분은 3~6개월 후에 공부를 멈췄습니다.

열정이 빨리 식은 사람들 중에 부동산 부자로 사는 사람은 단 한 명도 없었습니다. 시간이 지나면 자신의 과거로 돌아가길 원했고, 등기 하나 치는 일에 박사 논문을 쓸 만큼의 공부를 하기도 했습니다. 실컷 공부해놓고도 부동산을 사지 못하는 사람이 많았습니다. 그들은 이렇게 말했습니다.

"남편이(아내가) 부동산 투자를 싫어해요."

어떤 사람은 부동산 투자가 무섭다며 수업 중에 뛰쳐나가기도 했고, 어떤 사람은 부동산 투자를 시작하고는 죽을 듯한 스트레스를 받기도 했습니다. 비판적이거나 부정적인 사람들은 투자에 대해 이해하는 것 자체를 싫어했습니다. 부자를 그저 '공공의 적'으로 치부하는 사람도 많더군요.

대부분의 사람들은 빨리 부자가 되는 방법을 알고 싶어 했습니다. 어느 지역에 투자하면 되느냐고 물으며 그냥 좋은 지역과 물건을 찍어주길 원했습니다.

저는 기본 교육이 중요하다고 생각하는 사람입니다. 제가 그렇게 배우기도 했고요. 그런데 부동산에 대해 자세히 알지도 못하면서, 그 지역의 개발 방향을 알지도 못하면서 돈 좀 번다는 사람의 말만 믿고 투자하는 사람이 꽤 많습니다.

무얼 하든 돈만 벌면 된다고 생각하는 사람들, 자신이 알고 있는 곳이나 현재 살고 있는 곳 주변만 좋아하는 사람들, 경제적으로 곤경에 처해 급하게 수익을 올릴 곳을 찾는 사람들, 무례할 정도로 돈을 무시하는 사람들까지! 돈이라는 욕망을 마주한 사람들의 천태만상을 두루 보았고, 많이 겪었습니다. 그런 사람들을 볼 때마다 제 머릿속엔 '습관'이라는 단어가 떠올랐습니다.

: 빈한 습관, 부한 습관

저는 여러 사람을 보며 '돈을 굴릴 때도 살아온 습관이 보이는구나'라는 생각을 참 많이 했습니다. 저는 몸에 배인 습관이 빈자는 계속해서 빈자로, 부자는 계속해서 부자로 살게 한다고 생각합니다.

그렇다면 빈자와 부자는 어디에서 갈릴까요? 자기가 가진 돈을 어디에 쓰느냐에 따라 갈립니다. 여러분은 월급을 받거나 투자금을 회수하는 등 돈이 손에 들어오면, 그 돈을 어디에 쓰시나요?

보통은 돈이 들어온 곳에 재투자합니다.

사업가는 사업자금에, 창업가는 새 프랜차이즈에, 주식 투자자는 주식에, 오일 투자자는 오일에, 부동산 투자자는 부동산에, 월급을 받는 사람은 은행에 다시 돈을 집어넣습니다. 사람은 이렇게 습관대로 10년, 20년을 삽니다. 오래오래 자기 습관대로 투자하죠.

정부는 대출을 규제하고, 종부세를 강화하고, 재건축을 막고, 분양가상한제를 도입하고, 취·등록세율을 올리고, 공시지가를 인상하고, 양도세를 강화합니다. 정부가 이렇게 모든 걸 철폐하고 강화하는 이유는 무엇일까요? 불로 소득을 환수하기 위해서, 투기 수요를 잡기 위해서겠죠.

돈이 없는 건 이해할 수 있지만 부의 마인드가 없으면 어리석어지기 쉽고 달라지기 어렵습니다. 인색과 절약을 구별하지 못하면 지혜를 얻기 힘들죠. 인색하면 누군가가 도움을 필요로 할 때 모른 척하게 됩니다. 투자의 'ㅌ' 자도 모르고, 돈 자체에 무지한 사람들은 자신의 돈임에도 돈을 굴리는 것 자체를 무서워합니다.

많은 사람이 자유롭게 살고 싶은 딱 그 욕구만큼만 일을 하고 돈을 법니다. 물론 사람마다 원하는 크기의 돈은 다릅니다. 누군가는 1억 원을 원하지만, 누군가는 100억 원, 누군가는 1조 원을 원합니다.

한편으로는 죽는 날까지 통장 잔고가 1천만 원이 되지 않는 사람도 있습니다. 나이가 칠순이 될 때까지 1억 원이란 돈을 써본 적

없는 사람도 있습니다. 불과 열 살인데도 해외여행비로 1억 원을 쓴 사람도 있는데 말이죠.

돈을 모르면, 아니 돈을 몰라서 바라는 게 없는 사람이 될 수도 있습니다. 자신이 얼마나 없는지 모르는 걸 무지라고 하죠. 사실 무지하면 무지에서 끝나는 게 아닙니다. 점점 더 가난해집니다. 자신만 가난해지는 게 아니라 가족 전체, 나아가 자기 아이들의 생각마저 가난하게 만듭니다.

부자들은 이 순간에도 돈을 주고 타인의 경험을 사고, 따라 하며 자신의 부를 확장합니다. 그들은 자신의 꿈을 위해 살지, 남의 꿈을 위해 살지 않습니다.

평생 돈 공부를 하며 투자의 감을 잃지 않아야 자신의 아이들에게 부는 물론, 부의 습관과 부의 마인드를 물려줄 수 있습니다.

: 자신의 습관을 깨야 희망이 보인다

A씨는 서른 살 때 샤넬 가방을 하나 사고 싶었지만 너무 비싸 마음을 접고 마흔 살까지 10년 동안 중저가 브랜드 가방을 열 개 구입했습니다. 훗날 돌아보니 어설픈 가방 열 개 값을 합치면 샤넬 가방 하나 값이었습니다. 열 개의 가방은 유행이 다 지나 가치가 사라져버렸습니다. A씨는 10년 전에 샤넬 가방을 사지 않은 것을 후회했습니다. 현재 A씨에게는 샤넬 가방을 살 만큼의 돈이 있

습니다. 과연 A씨는 샤넬 가방을 살 수 있을까요?

아마도 사지 못할 것입니다. 그동안 자기 습관대로 소비해왔고, 과감한 투자 형식의 소비를 한 번도 해보지 않아 마흔 살이 되어서도 계속해서 중요한 선택을 내리지 못할 가능성이 큽니다.

제가 생각하기에 서른 살에 리스크가 생겨도 샤넬 가방을 구입하는 사고를 쳤거나, 그다지 마음에 들지 않는 가방을 10년 동안 줄줄이 사지 말고 참고 기다렸다가 마흔 살이 되었을 때 샤넬 가방을 샀다면 후회하지 않았을 것입니다. 투자에 빗댄 이야기이지만 결국 이는 자기 습관에 관한 진실입니다.

현재 가지고 있는 부동산이 있나요? 혹은 눈여겨보고 있는 부동산이 있나요? 그 부동산과는 어떻게 인연이 닿았나요? 분명 살면서 알게 된 누군가 때문일 것입니다. 그렇다면 그 만남의 테두리는 어떻게 정해졌나요?

이런 건 부모를 닮는 게 세상 이치입니다. '부모는 자식의 반팔자'라고도 하죠. 거기서 벗어나기가 참 힘듭니다. 그동안 놀던 물에서 벗어나지 못하면 평생 벗어나기 힘듭니다. 기억할 것은 그들은 자기가 놀던 물에서 자신의 투자처를 정한다는 사실입니다. 내가 익숙한 곳이 아닌, 세상 사람 모두가 원하는 곳을 투자처로 생각해야 투자 가치가 생깁니다.

그동안 자기 동네에서 벗어나지 못하고 시야가 닫힌 투자자들을 많이 봐왔습니다. 그들은 자기 동네의 뷰 좋은 아파트를 선호하지, 강남의 오래된 빌라를 왜 사야 하는지 이해하지 못합니다.

노는 물에서만 사고하고 행동하는 것이죠.

사람은 상대의 생각과 대화 수준에 큰 영향을 받습니다. 여러분이 지인들과 만나 맛집, 여행지, 연예인, 어젯밤에 본 드라마 이야기를 하는 동안 강남에서는 셋 이상만 모이면 부동산 이야기를 합니다. 기쁘고 즐겁고 돈 되는 이야기가 많은데, "지금 부동산을 사면 큰일 나"라고 말하며 맛집 이야기나 하는 사람들 속에 있으면 여러분도 거기에 물들 수 있습니다.

생각만 바꾸면 부동산으로 돈을 굴리며 삼대가 다른 인생을 살 수도 있습니다. 뭐가 무서워 자식에게 공부만 하라고 하나요? 뭐가 무서워 늘 아끼고, 아끼고, 또 아껴야 한다고 말하나요? 물려줄 게 없으니 그런 마인드를 갖고 있는 것입니다.

부동산 투자를 제대로 하고 싶다면 자신의 습관을 깨야 합니다. 그동안 놀던 물에서 벗어나야 합니다. 자기 입맛에 맞는 곳을 고집하지 말아야 합니다.

그런데 사실 습관이란 놈은 깨는 게 굉장히 힘듭니다. 엄청나게 아파보거나 쫄딱 망해보아야 겨우 깰 수 있습니다. 부디 여러분은 이 책을 통해 너무 아프기 전에, 완전히 망하기 전에 자신의 습관을 돌아보고 깨기 바랍니다.

: 부자엄마가 되는 길은 꽃길이 아니다

솔직히 대대로 오를 부동산은 비쌉니다. 내 돈에 맞춰 투자하면 마음에 들지도 않고, 가격도 떨어질 수 있습니다. 부동산 투자는 수학 공식처럼 딱 떨어지지 않습니다. 인풋과 아웃풋이 다를 수도 있거든요.

부동산 투자에 대해 이제 뭘 좀 알겠다고 할 때쯤은 이미 늙어버린 나이일 수도 있습니다. 그럼에도 자신이 가진 시간과 열정을 던져 그에 대해 배울 가치는 충분합니다. 모두 자신의 습관과 운명이라는 굴레와의 싸움입니다. 거기서 승리한 결과가 부자엄마라는 모습으로 드러날 것입니다.

저는 부자엄마로 나아가는 길에서 성공과 실패를 번갈아가며 경험했습니다. 실패를 했을 때는 뼈를 깎는 고통을 느꼈습니다. 불안감이 뒤따라 다니는 하루하루를 보냈죠. 젊은 시절에는 공격적인 투자를 많이 했기 때문에 더 그랬습니다.

그런 시행착오들을 두루 경험하고 나니, 이제는 특정한 투자 방법이나 스타일보다는 좀 더 근본적인 이야기를 하고 싶습니다. 부자를 만드는 마음가짐이라고 할까요?

여러분이 부자엄마가 되겠다고 마음먹기 전에 알아둬야 할 것이 있습니다. 그 길은 당장 편안하고 근심 걱정 없는 길과 다르다는 것입니다. 주어진 운명대로 사는 것보다 더 많은 시련을 경험할 수도 있습니다. 자존심 상하는 일, 망신당하는 일도 생길 수 있습니다. 한 번의 잘못된 판단으로 펑펑 우는 날이 이어질지도 모릅니다. 하지만 그런 실패 없이는 성공도 없습니다. 중요한 건 실패했을 때의 태도입니다.

실패를 경험하면 사람은 두 부류로 나뉩니다. 회피파와 도전파. 부자엄마의 길에 회피는 없습니다. 자신과 전쟁을 치를 만큼 강해야 합니다. 피를 토할 때도 에너지가 필요합니다.

실패한 기억과 재도전한 기억이 모여야 부자가 될 수 있습니다. 그런 경험은 누가 가르쳐주지 않습니다. 자신의 힘과 지혜, 경험으로 훈련되어야 합니다.

그 과정에서는 배고파도, 졸려도, 불편해도, 정신적으로 불안해도 참고 견뎌야 할 때가 많습니다. 결과가 만족스럽지 못해도, 실수가 안타까워도 자신이 선택한 길이라는 사실을 기억하고 마음을 다스려야 합니다.

저는 살면서 아이들이 어렸을 때 엄마를 찾는데도 함께하지 못한 그 순간들이 가장 힘들었습니다. 늘 쩔쩔매며 살았죠. 하지만 아이들의 꿈을 위해 아픔을 참기로 결정했습니다. 솔직히 말하면, 저는 그동안 좋은 엄마, 좋은 아내, 좋은 며느리는 되지 못했습니다. 냉정하게 말할게요. 부자엄마가 되려면 누군가에게 마음의 상처를 줄 수도 있다는 각오가 되어 있어야 합니다.

: 오직 자유를 위해 부자엄마를 꿈꿔라

학창 시절 입학식과 졸업식 때 제 곁에는 아무도 없었습니다. 운동회 때도 마찬가지였죠. 가난한 부모님은 그 무엇보다 생계유지가 우선이었습니다. 일을 하느라 하루도 시간을 내지 못하셨죠. 가난을 당연하게 받아들이는 부모님 밑에서 자라며 저 또한 고스란히 가난을 물려받았습니다. 거기서 탈출하지 못했다면 저 역시 부모님과 비슷한 삶을 살아야 했겠죠.

가난한 마인드에 젖으면 책 읽는 시간도, 책값도 아깝다고 생각하게 됩니다. 가난하면 자유를 누릴 수 없습니다. 무조건 열심히 일하며 쳇바퀴 돌듯 살아야 합니다. 제 부모님이 잘못되었다는 뜻이 아닙니다. 가난이라는 굴레가 착한 사람을 그렇게 만들 수 있다는 이야기입니다.

조건이 받쳐줘 성공한 사람들은 모릅니다. 당장 먹고사는 일이 급한 사람들은 모자라서가 아니라 시간이 없어 꿈을 포기했다는 사실을 말입니다.

돈에 쫓기면 무엇을 익히고, 갈고닦을 여유가 없습니다. 그 시간에 일을 해야 하니까요. 끔찍할 정도로 피곤한데도 말이죠.

잘사는 집안 아이들이 방학 동안 온갖 캠프에 참여하고, 좋은 학원에 다니고, 해외여행 등을 다니며 견문을 넓힐 때, 가난한 집안 아이들은 동네 학원을 다니거나 그마저도 다니지 못하고 시간을 허비합니다. 그 아이들이 잘사는 아이들의 경험과 견문의 시간을 어떻게 따라잡을 수 있겠어요. 그 결과가 학교에서는 성적 격차로, 사회에서는 라이프스타일 격차로 나타납니다. 안타깝게도 가진 부에 따라 현재의 위상과 미래의 위상이 거의 정해집니다.

이것이 옳다는 이야기가 아닙니다. 세상은 예전에도 그랬고, 지금도 공정하지 않습니다. 우울한 현실을 바로 보되, 낙담해서는 안 됩니다. 자신의 상황을 정확하게 파악하고, 그것을 뛰어넘지 못하면 자유가 없는 삶을 살아야 한다는 사실을 깨달아야 합니다.

살면서 경제적 자유가 없으면 굴복해야 할 일이 많다는 것을 많이 느끼지 않았나요? 반대로 생각해봅시다. 자유가 있다면, 자기 시간이 있다면 자신의 수준을 업그레이드할 수 있고, 뭐든 급박하지 않게 선택할 권리가 생깁니다. 엄마라면 내가 자식을 얼마나 사랑하는지 바로 드러나게 보여줄 수 있죠.

저는 어렸을 때부터 부자가 되고자 이를 악물었습니다. 너무 악물어 자초한 고통도 있었지만, 돌이켜보면 제가 생각한 부자의 수준 때문이었습니다. 제가 생각한 수준만큼 되려면 겪어야 하는 고통이 엄청나더군요.

저는 단지 돈의 액수와 욕망 때문이 아니라 더 근본적인 것, 즉 자유를 위해 저 자신을 바쳤습니다.

사람마다 생각하는 부자의 수준이 다를 것입니다. 그 수준에 도달하기 위해 넘어야 할 산도, 걸리는 시간도 제각각 다르겠죠. 하지만 어떤 부자를 꿈꾸더라도 목표만은 명확히 했으면 합니다.

왜 부자엄마가 되고 싶은가요? 소비를 위해 많은 돈이 필요해서? 부자엄마를 꿈꾼다면 그 무엇도 아닌 자유를 위해 노력하시기 바랍니다. 엄마로서의 자유, 한 인간으로서의 자유, 그리고 자식에게도 물려줄 수 있는 자유를 위해서 말입니다.

이 책을 읽고 누군가는 책 내용대로 생각하며 실천하려 노력할 것이고, 누군가는 그저 생각만 할 것이고, 누군가는 도중에 책을 덮어버릴 것입니다. 그러나 돈 때문에 고민하고 있다면, 인생이 어떠한 굴레에 갇혀 있다면 진지하게 생각해보아야 합니다. 바로 자신의 자유에 대한 갈망에 대해서 말이죠.

여러분의 부를 향한 열망은 어떤가요? 자기 인생을 어떻게 생각하고 있나요? 진정한 자유를 원하나요? 그 자유를 위해 무엇을 희생할 수 있나요?

저는 이 책을 읽는 여러분이 더 이상 돈의 노예로 살지 않기를 바랍니다. 돈을 벌기 위해 죽을 때까지 일하지 않기를 소망합니다. 자손 대대로 가난과 가난한 생각을 대물림하지 않기를 원합니다. 자유로운 한 인간으로서, 엄마로서 당당하고 아름답게 살기를 소망합니다.

나의 스토리텔링 만들기

우선 A4 용지나 노트를 준비합니다. 그리고 각 질문에 자신의 이야기를 진실하게 적어보기 바랍니다.

1. 나는 누구인가

• 무슨 꿈을 꾸고 있는가.

• 생계유지와 자아 찾기 중 무엇부터 시작할 것인가.

• 나의 자서전 제목은 무엇인기.

• 인생에서 중요한 순간이 몇 번이나 있었는가.

• 지금 하지 않으면 죽기 전에 한이 될 일은 무엇인가.

• 앞으로 어떻게 살 것인가.

• 얼마의 돈을 모을 것인가.

• 어떤 좋은 습관을 만들 것인가.

• 인생의 멘토는 누구인가.

----

2. 미래의 나는 어떤 사람인가

• 10년 뒤에 어디에서 살고 있는가.

• 10년 뒤에 어떤 차를 타고 있는가.

• 10년 뒤에 주로 만나는 사람은 누구인가.

• 10년 뒤에 얼마의 재산세를 납부하고 있는가.

• 10년 뒤에 어떤 사람이 되어 있는가.

3. 죽기 전 3개월은 어떤 모습인가

• 자식은 어떤 인물로 성장해 살고 있는가.

• 자식에게 물려줄 유품은 무엇인가.

• 자식에게 남기고 싶은 유언은 무엇인가.

• 남은 돈은 어떤 순서로 정리할 것인가.

• 유산 목록에 어떤 것들이 있는가.

- 장례식은 어떻게 치를 것인가.

- 화장, 수목장, 공원묘지, 개인 묘지 중에서 무엇을 선택할 것인가.

- 묘비에 어떤 문구를 새길 것인가.

- 마지막 3개월은 어디에서 보낼 것인가.

2

나는 어떻게
부자엄마가 되었나

부자엄마가 되려면 자신의 욕망부터 잘 알아야 합니다. 지금 절실히 바라는 것은 무엇인가요? 지금껏 어떤 인생을 살아왔나요? 단 한 번이라도 행복한 순간이 있었나요?

: 세상에서 가장 불행한 사람

세상에서 가장 불행한 사람은 누구일까요? 저는 엄마가 없는 사람이라고 생각합니다. 저는 가난한 아버지와 모든 것을 포기하고 사랑에 인생을 건 어머니 사이에서 태어났습니다. 어머니는 아버지를 탐탁지 않게 생각한 가족들과 연을 끊고 사랑 하나만 보고 집을 나왔습니다. 그리고 너무나도 가난한 아버지와 결혼식도 올리지 못하고 동거를 시작했습니다.

어머니는 저를 낳고 스물일곱 꽃다운 나이에 폐병으로 세상을 떠났습니다. 옛날에 폐병은 못 먹어서 생긴다고 했죠. 저희 어머니는 각혈을 했지만 가난한 죄로 약 한 번 제대로 써보지 못했습니다. 갓 돌이 된 저를 안고 눈을 감았으니, 아마도 어머니의 가슴에 한이 맺혔을 것입니다.

어머니가 세상을 떠난 후 저는 할머니 손에서 자랐습니다. 아버지는 일찍 재혼을 하셨죠. 저는 가정이 뭔지, 사랑이 뭔지 모른 채 외로운 어린 시절을 보냈습니다.

저는 그 흔한 백일 사진이나 돌 사진이 없습니다. 안 찍은 것일까요, 못 찍은 것일까요. 아마도 둘 다일 테죠. 어릴 적 사진이라고는 세 살 때 찍은 사진 한 장이 전부입니다. 어릴 적의 저를 기억할 수 없다는 사실은, 어머니에 대한 기억이 없다는 사실은 말로 표현할 수 없을 정도로 슬픕니다.

저는 아버지를 미워했습니다. 아버지가 빈털터리였기 때문이 아닙니다. 책임지지 못할 사랑을 한 어머니의 남자로서 미워했습니다. 그리고 그 미움은 가난에 대한 한으로 이어졌습니다. 돈만 있었다면 어머니가 폐병으로 돌아가시지도, 어린 시절이 그렇게 불행하지도 않았을 것입니다. 여러모로 저는 돈에 한이 많습니다. 그래서 돈이 생명이라 생각하나 봅니다.

어떤 부모에게서 태어났는가.

어떤 부모의 환경 속에서 자랐는가.

어떤 부모의 생각 속에서 교육받았는가.

어른이 되어 삶을 겪어보면 잘 알게 될 것입니다. 가난한 부모를 둔 아이에게 가난은 평생 짊어지고 갈 짐이 됩니다. 물론 태어나 보니 집이 가난했을 뿐, 아이에게는 아무런 죄가 없습니다. 다만 가난은 아이의 삶을 옭아매고 나아가지 못하게 합니다.

: 흙수저들의 흔한 궁상

세상의 모든 흙수저들은 저처럼 궁상맞게 삶을 출발할 것입니다. 어릴 적 저는 가난을 숨기기 위해 친구들에게 티가 나는 거짓말을 하기도 했습니다. 그럴 때면 이렇게 생각했죠.

'나는 왜 부자로 태어나지 못했을까?'

가난하다는 이유로 당하는 업신여김과 무시, 멸시는 경험해보지 않으면 모릅니다. 가난하면 어른들이 보기에는 별것 아닌 일로도 상처를 받을 때가 많습니다.

영어 이니셜이 틀린 짝퉁 가방을 들고 다닌다며 놀림을 받을 때, 돈이 없어 학교 앞에서 파는 떡볶이를 혼자만 사 먹지 못할 때, 학교에 준비물을 가져가지 못할 때 아이는 얼마나 서러울까요. 단순히 창피한 걸 떠나 자존심과 자존감에 타격을 입을 수 있습니다. 그런 일이 반복되면 마음에 날이 서슬 퍼렇게 서립니다. 가난하다는 이유로 자기를 보호하려는 의도가 더 커지는 거죠.

자신의 이름으로 된 집 한 채 마련하는 데 60년이 걸린 부모님은 제게 부동산에 대해 가르쳐주지 않았습니다. 저는 중학교 1학년 때 집주인과 세입자에 대해 처음 알았어요. 빨래를 널려면 주인집 마당을 거쳐 옥상으로 가야 했는데, 문이 닫혀 있는 날은 주인집에서 문을 열어줄 때까지 기다려야 했죠. 화장실도 하나여서 주인집 아이가 사용하겠다고 하면 아무리 급해도 먼저 들여보내고 차례를 기다려야 했습니다. 초등학교 때까지 집주인 아이들과 놀았는데, 그 당시에는 '집주인 아들', '집주인 큰 딸'이 빈부를 나누는 호칭인 줄도 몰랐어요.

저는 우리 가족이 월세를 내고 산다는 것을 중학교 시절을 다 보내고 나서야 알게 되었고, 그 뒤 전세를 살게 되면서 전세라는 개념을 알게 되었습니다. 한마디로 가난하다는 이유로 마음의 상처를 입은 것을 넘어 무지한 상태로 그 시간들을 보낸 것이죠.

: 내 방이 없는 설움, 누가 알까?

주민등록등본 초본을 떼면 스무 살 때까지 이사를 다닌 이력이 3장이나 됩니다. 참 웃픈 일이죠. 어릴 적 살았던 집들은 죄다 누추했습니다. 공장 안, 시장, 단칸방을 전전했죠. 물론 부모님도 그런 삶을 원하지는 않았을 것입니다. 지금 저는 부모님을 원망하는 게 아니라 가난에 대해 이야기하는 것입니다.

늘 쾌쾌한 곳으로 이사를 다닌 옛일은 어른이 된 지금도 지울수 없는 상처로 남아 있습니다. 잦은 이사와 전학으로 친구를 사귀지도 못했습니다. 거기에 성격도 소심하고, 공부도 잘하지 못해 스스로 있으나마나 한 학생이라고 생각했죠. 나중에는 친구들이 제게 관심을 가지지 않으니 오히려 편하다고 느꼈습니다. 이렇듯 이사를 자주 다니고 너무 가난하면, 아이는 선 밖으로 발걸음을 옮기지 못합니다.

저는 스물세 살의 나이에 결혼했는데, 그때까지 한 번도 제 방을 가져본 적이 없습니다. 어릴 때는 할머니와 한 방에서 생활했고, 조금 커서는 단칸방에서 다섯 식구가 부대끼며 생활했습니다. 중학교 때는 옥탑방에서 할머니, 그리고 두 동생과 함께 생활했고, 고등학교 때는 학교 기숙사에서 다섯 명이 한 방을 썼습니다. 그 뒤 결혼하기 전까지는 두 명의 친구와 엉켜 지냈죠.

상황이 이러하다 보니 20대 초반까지 내 물건 하나 숨겨 놓을곳이 없었습니다. 그런 현실이 사람을 참 피폐하게 만들더군요. 초등학생 때부터 쓴 일기장을 새어머니에게 들키는 바람에 미운오리 새끼가 되기도 했습니다.

아이에게 집은 자신의 귀한 것과 비밀들을 보관할 수 있는 곳입니다. 저는 어른이 되면 꼭 내 방을 가지고 싶었습니다. 단지 내 소중한 것들을 보관하고 싶어서요. 이런 집에 관한 기억들은 '집은 단순히 사는 곳이 아니라 심리적 안정을 주는 곳'이라는 사실을 깨우치게 했습니다. 그 한은 제가 부동산에 계속해서 관심을 갖게 하는 불씨가 되었죠.

: 왜 나는 일만 해야 하지?

초등학교 때 새어머니는 공장 안에서 식당을 운영하셨고, 아버지는 공장 경비실과 매점을 함께 보셨습니다. 그 당시 우리 가족은 대구 서구 비산염색공단에서 살았죠. 학교까지 걸어서 30~40분 정도 걸리는 먼 동네였습니다. 그곳에서 지퍼를 만드는 공장 사람들과 부대끼며 4년을 생활했는데, 다행히 다른 곳으로 옮겨가지 않고 초등학교를 졸업했습니다.

학교가 끝나면 늘 곧장 새어머니의 식당으로 가 깍두기용 무를 썰고, 김에 기름을 바르고, 배추를 다듬고, 식판을 닦았습니다. 친구가 없었던 저는 학업을 마치지 못하고 식모로 일하던 언니들과 종종 공기놀이를 하며 시간을 보냈습니다.

부모님은 제가 중학교에 입학했을 때 떡 방앗간을 차리셨습니다. 일이 너무 바빠 단 하루도 시간을 내지 못한 부모님 덕에 전학도 가지 못하고 장거리 통학을 해야 했습니다. 버스 1시간 30분에 도보 20분, 왕복 4시간 거리였죠. 하루만 시간을 내 전학을 시켜주면 될 것을! 아직도 그때의 일이 서러움으로 남아 있습니다. 그렇게 힘들게 통학을 하면서도 학교가 끝나면 떡 방앗간 떡순이로 부모님을 도왔습니다.

사춘기 시절 저는 늘 이렇게 생각했습니다.

'생계를 유지한다는 건 온 가족이 일을 해도 어려운 일이구나. 하루도 쉬지 못하고 빠듯하게 사는 게 삶이구나.'

온 가족이 그렇게 힘들게 일을 하는데도 집안 형편은 나아지지 않았습니다. 아직 어린 소녀가 어른들이나 하는 식당 일, 떡 방앗간 일 등을 해야 한다는 사실이 너무 화가 났습니다. 학생이 공부가 아닌 일을 해야 한다는 현실이 너무 짜증이 났습니다.

'아, 왜 나는 늘 일만 해야 하는 거지?'

이런 탄식이 새어나올 무렵, 일을 하면 학교도 보내주고, 기숙사도 제공해준다는 한 공장의 신문 광고를 보게 되었습니다. 그 광고를 본 저는 부모님에게 입 하나라도 덜어드려야겠다 싶어, 아니 솔직히 말하면 지긋지긋한 환경에서 벗어나고 싶어 집을 떠나기로 결심했습니다. 중학교 3학년 겨울 방학 때였습니다. 저는 종이 가방 하나에 짐을 꾸려 대구를 떠나 구미 공단의 방직 공장을 찾아갔습니다. 종이 가방에 담아 온 것이라고는 치약 하나, 칫솔 하나, 오이비누 하나, 몇 개의 옷가지, 일기장 몇 권, 책 몇 권이 전부였습니다.

: 밑바닥 인생에서 본 한 줄기 희망

그렇게 저는 주간에는 공장에서 일하고, 야간에는 고등학교 공부를 하는 기숙학교에 입학했습니다. 저는 선배 언니 네 명과 옷장 하나, 붙박이 사물함 하나가 있는 206호에서 생활하게 되었습니다. 더럽고 치사하고 죽고 싶은 일들이 기다리고 있었지만 그때는 알지 못했습니다. 반 평 정도 되는 내 자리에 짐을 풀고 그렇게 혼자의 인생을 시작하게 되었습니다.

저는 일해서 번 돈을 모두 적금에 넣으며 밤낮으로 치열하고도 인색한 삶을 살았습니다. 열일곱 어린 나이에 공순이라는 이름으로 천 쪼가리를 검사하고 자르며 살아온 이야기는 차마 다 하지 못하겠습니다. 성추행이 빈번히 일어나던 공장 생활을 돌이켜 생각하고 싶지도 않습니다.

어쨌든 저는 불안과 공포를 견디며 지뢰밭을 피해 다니는 심정으로 하루하루를 살았습니다. 얼른 돈을 모아 공장에서 벗어나고 싶었습니다.

그러던 어느 날, 억울하게도 누명을 뒤집어쓰게 되었습니다. 기숙사에 분실 사고가 발생했는데, 마침 그 시간에 제가 기숙사에 머물렀다는 이유로 도둑으로 몰린 것입니다. 저는 억울했습니다. 그러나 아무도 제 말을 믿어주지 않았습니다. 사감 선생님께 불려간 저는 거짓말을 한다며 뺨을 맞고 모욕을 당했습니다. 그 누명을 벗기까지 1년이란 시간이 걸렸죠. 죽고 싶다는 생각을 얼마나 많이 했는지 모릅니다. 당장 그곳에서 벗어나고 싶었지만 밥벌이가 사라지고 마땅히 갈 곳이 없어 죽은 척하며 버텼습니다.

별별 일이 다 있었지만 제 인생만 비참하다고 할 수 없었습니다. 그곳에는 어린 나이에 밑바닥 인생을 살고 있는 친구들이 아주 많았습니다. 임신한 친구, 유부남과 스캔들이 난 친구, 술집에서 일하던 친구……. 그곳에서 평범하게 산 사람이라면 결코 만나지 못했을 친구들을 만났습니다. 사악한 친구들도 있었지만 좋은 친구들도 많았습니다. 저처럼 가난하지만 똑똑하고 희망을 가진 괜찮은 친구들과 어울릴 수 있었습니다.

그 친구들과 저는 죽어라 일하고, 죽어라 공부했습니다. 학원에도 다니고, 시간만 나면 함께 책을 읽었습니다. 야근을 할 때 시 외우기 경합을 벌이기도 했죠. 귀한 인연들과 진정한 주경야독을 하며 어렵게 고등학교를 졸업했습니다. 졸업과 동시에 우리는 마침내 그 지옥에서 빠져나올 수 있었습니다.

열여섯 살 때 종이 가방 하나 들고 떠나와 시작한 공장 생활은 한쪽 청력을 잃게 했고, 폐를 망가지게 했고, 시력을 앗아갔습니다. 하지만 그 대가로 3년 동안 1천만 원 이상의 돈을 모을 수 있었습니다. 저는 돈을 많이 모아 꼭 내 집을 마련하고 싶었습니다. 그 꿈이 있었기에 그 시절을 버틸 수 있었습니다.

저는 고등학교를 졸업하자마자 두 명의 친구와 100만 원씩 모아 방 하나를 전세로 얻었습니다. 다섯 가구가 한 화장실을 쓰고, 부엌도 공동으로 사용해야 하는 누추한 환경이었지만, 우리는 꿈이 있었기에 절망하지 않았습니다.

우리는 정 안 되면 트럭에 배추를 싣고 장사라도 하자며 함께 운전면허를 따기도 했습니다. 서로의 가난을 더 불쌍히 여기며 참 열심히 살았습니다. 그때까지 제 주변에는 부자는커녕 가난하지 않은 사람이 없었습니다.

: 모진 가난 속에서 꽃이 피어나다

영혼을 팔아 힘겹게 고등학교 졸업장을 딴 우리는 또래 친구들이 대학에 입학해 미팅을 하고 대학 축제를 즐길 때 고졸 타이틀을 달고 일할 곳을 찾아다녔습니다. 이력서를 쓸 때마다 자격지심이 일었지만, 방도가 없었습니다. 대학 등록금보다 당장 이번 달에 써야 하는 생활비, 학원비, 차비, 밥값이 더 필요했으니까요. 돈을 벌면 그 돈으로 연탄을 사고, 컵라면으로 끼니를 해결했습니다. 아르바이트하는 곳에서 밥을 주면 얼마나 감사했는지 모릅니다. 날마다 부딪히는 현실은 차가웠지만, 그래도 남몰래 꿈을 키워나갔습니다.

'남들이 대학을 다니며 공부하는 동안 나는 돈을 벌어 밑천을 마련할 거야!'

어쩌면 그때 대학을 포기한 것이 저에게는 기회였는지도 모릅니다. 얼마 전에 국민연금 안내서를 보니 고등학생 때 국민연금에 가입했더군요. 일한 지 32년이나 되었습니다.

남들보다 10년 일찍 사회생활을 시작한 덕에 돈과 친해졌고, 앞서갈 수 있었습니다. 남들이 대학 생활을 하며 빚을 지는 동안 저는 돈을 모았고, 큰돈을 또래보다 일찍 만졌고, 그 돈을 불려나 갈 수 있었습니다.

스무 살 때 친구들과 남산타워에 올라가 이렇게 외쳤습니다.

"이다음에 저기에 있는 건물을 하나 살 거야!"

그날 밤 우리는 친구의 고모 집에 묵었는데, 그곳이 바로 압구 정동 현대아파트였습니다. 자료를 살펴보니 압구정동 현대아파 트는 1977년 분양 당시 49평이 2,465만 원이었습니다. 제가 묵 었던 1992년에는 호가가 2억 원이었죠. 지금은 35억 원 정도 합 니다.

그때 저는 부동산에 대해 전혀 알지 못했지만 막연히 굉장히 비싼 곳이라는 사실을 알 수 있었습니다. 친구의 고모는 우리에게 이렇게 말씀하셨습니다.

"너희들 나중에 취직해서 돈 많이 벌면 여기 아파트를 사."

그 당시에는 그 말이 너무 현실성이 없어 마치 뉴욕에 있는 집 을 사라는 말처럼 들렸습니다. 저는 그렇게 친구의 고모 덕분에 서울의 풍경을 처음 만나게 되었습니다. 젊을 때 경험한 강렬한 인상이 그 사람의 길을 정해주기도 합니다. 희망인지 꿈인지 모를 무언가가 스무 살의 가슴에 파문을 일으켰습니다.

: 인생을 바꾼 부동산 공부

얼마 후부터 저는 대구에서 서울로 부동산 강의를 들으러 다녔습니다. 당시 기차로 왕복 10시간이 걸렸지만 전혀 힘들지 않았습니다. 부동산 강의가 제 인생을 바꿔주었기 때문입니다.

처음 들은 강의의 강의료는 5,000원이었습니다. 아파트 분양을 하면서 모델하우스에서 개최한 강연회였습니다. 강사님은 지금 제 나이대인 분이었죠. 그분 덕분에 잠실 주공아파트, 가락동 시영아파트, 개포동 주공아파트, 그리고 테헤란로에 가볼 수 있었습니다. 강사님은 이런 곳이 부자가 사는 곳이라고 소개했습니다. 그때 부자들은 사업 아니면 부동산으로 돈을 번다는 사실을 알게 되었습니다. 저는 이렇게 다짐했습니다.

'그래! 나도 언젠간 사업과 부동산 투자, 두 가지를 모두 하고 말 거야!'

그렇게 부푼 꿈을 갖고 부동산에 대해 배우기 위해 한동안 대구와 서울을 오갔습니다. 그때 만난 강사님, 사모님과 인연이 닿아 훗날 강의도 하게 되었죠. 저는 강의를 들은 이후 더욱 간절하게, 절박하게, 절실하게 종잣돈을 모았습니다.

제가 사회에 나와 정식으로 일한 첫 직장은 병원이었습니다. 박봉에 시달리는 월급쟁이였죠. 병원에서 일하며 받은 월급이 너무 적었던지라 종잣돈을 빨리 모으기 위해 투잡을 뛰었습니다. 낮에는 병원에서 일하고, 저녁에는 아르바이트를 하며 옷을 팔았습니다. 그리고 주말에 부동산 강의를 듣기 위해 서울에 올라가면서 동평화시장에서 도매로 옷을 뗐습니다. 할 수 있는 아르바이트는 정말 다 했습니다. 참 치열하게 살았죠. 그래도 젊고 꿈이 있어 피곤한 줄도 모르고 돈 모으는 재미에 푹 빠져 살았습니다.

서울과 대구의 아파트를 공부하면서 저는 부동산 투자의 매력에 더욱 빠져들었습니다. 돈을 더 모아 투자하고 싶어 주변 친구들에게 함께 강의를 듣자고 제안하기도 했죠. 훗날 그중 한 사람과 결혼까지 하게 되었습니다.

결혼 전인 20대 초반에 저는 또래보다 많은 돈을 가지고 있었습니다. 처음에는 내 방을 마련해 독립하기 위해, 다시 공장으로 돌아가고 싶지 않아 버는 족족 저축을 했죠. 그 후에는 종잣돈을 만들어 투자를 하기 위해 돈을 모았습니다. 어느 하나에 투자하면 또 다른 것에 투자하기 위해 돈을 모으고, 모으고, 또 모았습니다. 돈이 불어날수록 꿈이 커지고, 그 꿈을 위해 사는 사이클이 만들어졌습니다.

지금 생각해보면 돈과 세상에 일찍 눈을 뜬 게 얼마나 다행인지 모릅니다. 저에게 돈 모으는 일은 단순히 결혼자금 마련 차원이 아니었습니다. 저는 부자가 될 시드머니를 만들고 있다고 생각했습니다.

: 재테크, 빨리 시작할수록 좋다

돈은 모은다고 해서 끝이 아닙니다. 그 돈을 굴리는 게 시작이죠. 그 시작은 빠를수록 좋습니다. 돈을 모으는 일보다 더 가치 있는 건 재테크를 해야 한다는 마인드를 갖는 것입니다. 일을 한 지 30여 년이 되고 보니 재테크는 젊었을 때 시작해야 한다는 것에 더욱 확신이 생겼습니다.

재테크는 대학에 가는 것보다, 취직을 하는 것보다 훨씬 더 중요합니다. 저는 사업도 하고, 부동산 투자도 하면서 재테크를 일찍 시작한 것을 늘 감사하게 생각합니다.

부자가 되고 싶나요? 학력, 학점, 자격증 같은 것들은 사실 필요하지 않습니다. 돈을 벌고 싶은 명확한 이유, 적극적으로 돈을 벌 자세만 준비되어 있으면 됩니다. 준비가 완료되었다면 최대한 일찍 재테크를 시작하시기 바랍니다.

다만 투자를 할 때 '창의력'은 매우 중요합니다. 창의력은 스스로 연구하고, 개발하고, 생각하고, 실천하는 것에서 나오죠. 시키는 것만 하고 싶고, 무언가를 혼자 찾아서 하는 것을 싫어한다면 부자가 되는 길에 어울리지 않는 사람일 가능성이 큽니다.

투자법을 적당히 배워 숟가락 얹듯 따라 하면 작은 부자도 되기 힘듭니다. 투자는 통찰에서 나옵니다. 통찰을 잘하려면 공부를 많이 해야 하고, 사람도 많이 만나야 하죠. 그것은 습관을 들이는 일로 연결됩니다. 부자의 습관에 관한 이야기는 이 책이 끝날 때까지 이어질 것입니다.

: 무지가 가난을 대물림한다

저는 집이 단순히 의식주를 해결하는 공간이 아닌 자신감을 주고 추억을 쌓을 수 있는 공간이길 강렬하게 소망했습니다. 가난한 집에서 자란 설움 때문에 누구보다 집에 대한 열망이 컸습니다. 내 집이 있다고 해서 행복의 양이 크게 달라지지 않을 수도 있지만, 내 집과 내 방이 없으면 작은 마음의 여유도 없다는 사실을 누구보다 잘 알고 있었으니까요. 그런데 내 집을 살 돈을 미처 모으기도 전에 '가난의 무지'로 인한 사건이 터졌습니다.

이 이야기를 하려면 제가 기숙학교에서 생활한 고등학생 때로 거슬러 올라가야 합니다. 줄곧 월세 생활만 하시던 부모님이 처음으로 전셋집을 마련하셨습니다. 전세금은 3,400만 원이었는데, 제가 스무 살 때 그 집이 경매로 넘어가고 말았습니다. 무지했던 부모님은 주택임대차보호법을 적용받지 못했고, 결국 10원도 건지지 못하고 집에서 쫓겨났습니다. 그 집은 단순한 전셋집이 아니었습니다. 부모님이 평생 모은 돈으로 마련한 집이었죠. 쉰이 다 되어 처음 얻은 낡아빠진 전셋집이 경매로 넘어가 길바닥에 나앉게 될 줄이야.

그때 처음 경매라는 걸 알게 되었습니다. 저는 집과 돈을 잃고

부자엄마 투자수업

망연자실한 부모님을 모셔야 했습니다. 내 집과 내 방을 갖기 위해 피땀 흘려 모은 돈은 결국 그렇게 쓰이고 말았습니다.

아직도 기억이 납니다. 30년 정도 된 부모님의 전셋집은 1톤 화물차도 올라가기 힘든 빈민촌에 있었습니다. 겨울이면 기름값을 아끼기 위해 덜덜 떨며 생활하고, 여름이면 쪄죽을 듯한 더위와 싸워야 했죠. 그 허름한 벽돌집은 그렇게 허무하게 날아가버렸습니다. 저는 그 집을 제 청춘의 어두운 배경으로 남겨두었습니다.

저는 부모님이 전 재산을 들여 마련한 전셋집에서 쫓겨난 상황이 너무 부끄러웠습니다. 이때 확실히 배웠습니다. 무지는 삶을 더 가난하게 만든다는 사실을 말이죠.

가난은 삶을 조금 불편하게 만드는 정도가 아니라 가족의 행복까지 차단했습니다. 부모님은 평생 일만 하셨고, 자식들은 제대로 교육을 받지 못했습니다. 우리가 사는 곳은 늘 열악했죠. 누군가는 돈이 행복의 조건이 아니라고 말하지만, 돈이 없는 우리 가족은 그다지 행복하지 않았습니다. 전셋집을 잃은 부모님은 그 집을 누가 얻자고 했느냐고 서로를 탓하며 원망하기 바빴습니다.

그러한 환경에서 자란 저는 내 집에 대한 욕망으로 불타올랐습니다. 결혼을 한 뒤에도 아이를 낳기 전에 반드시 내 집을 마련하겠다고 다짐했죠. 저는 행복하기 위해서가 아니라 내 아이가 내가 산 삶을 답습하는 게 너무 싫었어요. 그래서 독하게 돈을 모으려 했습니다.

부모님의 가난은 단지 금전적인 문제였다기보다는 무지와 환경 때문이었습니다. 늘 가난한 동네에서, 늘 가난한 사람들 속에서 살면 다른 삶을 알 수가 없죠. 그런 무지한 태도는 자식과 후대에 영향을 미칩니다. 가난의 대물림은 그렇게 일어납니다.

무지와 환경은 제가 부자 수업을 할 때 가장 중시하는 요소입니다. 저는 무지를 떨치려, 환경을 바꾸려 엄청나게 애를 썼습니다. 제 첫째 아이는 초등학교 때 전학을 세 번이나 했습니다. 아이가 새로운 학교에, 새로운 동네에 적응하느라 힘들었을 수도 있지만, 더 나은 환경에서 살아야 한다는 제 의지 때문이었죠.

환경은 정말 중요합니다. 환경이 우리의 삶을 변화시키기 때문입니다. 어떤 동네에 살고, 어떤 학교에 다니고, 어떤 사람들과 어울리느냐가 부의 척도가 될 수 있다는 사실을 간과해서는 안 됩니다.

: 신혼 첫날 밤, 부자의 꿈이 시작되다

저는 스물세 살에 결혼을 했습니다. 지인들은 너무 이르다며 결혼을 반대했지만 일찍 사회에 나와서인지, 그 당시에는 제가 그리 어리다고 생각하지 않았습니다. 그리고 저는 자신이 있었습니다. 남편은 비록 부유한 집에서 태어난 사람이 아니지만 맞벌이를 하면 잘살 수 있을 거라 믿었습니다.

사실 결혼은 남편보다 제가 서둘렀습니다. 그래서 훗날 남편의 사업 실패를 제가 다 떠안아야 했을 때도 할 말이 없었죠. 결혼을 서두른 건 제 이기심 때문입니다. 빨리 가정을 꾸리고 내 집을 마련하면 삶이 안정될 거라 생각했거든요.

그 당시 우리는 대구 남구에서 2,900만 원짜리 전셋집을 구해 신혼 생활을 시작했습니다. 낡은 주택 2층이었죠. 부족한 것이 많았지만 꿈만은 부자였습니다. 지금 생각해보면 어려서 뭘 몰라 쉽게 꿈을 꾸었던 것 같기도 합니다.

사실 우리의 신혼 생활은 꿈처럼 달콤하지만은 않았습니다. 우리 부부에게는 '내 집 마련'이라는 목표가 있었으니까요. 요즘 말로 '영끌'을 해야 했던 시절이어서 우리는 결혼 후에 더 오래, 더 많은 일을 해야 했습니다. 붙어 있던 시간보다 떨어져 있던 시간이 더 많았죠.

둘 다 낮에는 직장에서, 밤에는 아르바이트를 하며 돈을 벌었습니다. 매일 밤 12시가 넘어서 집으로 돌아왔습니다. 주말에도 아르바이트를 해 우리는 일주일 내내 녹초 상태였습니다. 하지만 둘 다 젊었기에 하루하루 잘 버텨나갔습니다.

우리에게는 히터도, 보일러도, 선풍기도 사치였습니다. 식사도 대충 때우거나 굶으며 먹을거리에 들어가는 돈을 아꼈습니다. 밤마다 지쳐 쓰러져 돈을 벌기 위해 사는 것이냐고 푸념을 늘어놓기도 했지만, 잔인할 정도로 돈을 쓰지 않으면서도 행복하고 즐거웠습니다.

그때 우리의 생활 규칙은 이랬어요.

- 월급은 모두 저축하기
- 아르바이트를 해서 번 돈으로 생계 해결하기
- 선저축, 후소비하기
- 경조사, 생일, 기념일 등은 모두 무시하기(외식 불가)
- 은행이나 증권사에 매일 가기
- 돈 굴리는 법에 대한 책이나 신문 기사 읽고 공부하기
- 부자를 만나 심부름꾼 자처하기
- 은행 VIP가 된 사람들을 따라다니며 대출 공부하기
- 20대에 골프 시작하기

이 규칙들을 스무 살 초반부터 중반까지 지켜나갔습니다. 재테크 책을 읽는 건 당연하고, 필사도 했습니다. 또 부동산을 사기 위해 돈을 모으는 과정에서 서울과 대구를 오가며 물건들의 입지를 파악했습니다.

그 당시 제가 만날 수 있는 부자는 은행과 증권사의 지점장님들뿐이었습니다. 쉬는 시간, 점심시간마다 그들에게 눈도장을 찍으며 정보를 얻고, 세계 경기에 대해 주워들었죠.

나머지 시간에는 미친 듯이 돈을 그러모았습니다. 그 당시 제가 돈을 모은 것은 욕망도, 욕심도 아닌 오로지 꿈 때문이었습니다. 저는 일단 종잣돈 목표를 1억 원으로 잡았습니다. 통장에 1억 원이 찍힌 그날의 희열은 평생 잊지 못할 것입니다. 지금은 1억 원의 가치가 많이 떨어졌지만 1997년에는 어마어마하게 큰돈이었

습니다. 1억 원을 모으기까지 정말 미친 듯이 발버둥을 쳐야 했습니다.

지옥을 경험할 정도로 힘들었지만 그렇기 때문에 처음 모은 종잣돈이 가장 값진 돈이 아닐까 싶습니다. 현재 좋은 차를 타고 있다 해도 인생의 첫 차가 가장 기억에 남듯, 돈도 처음 목표액을 달성한 그때가 가장 감격스럽습니다. 종잣돈은 가급적이면 일찍, 젊었을 때부터 만들어두어야 합니다. 종잣돈을 빨리 만들어 총알을 장전해야 하는 것은 불변의 진리가 아닐까요?

저는 운 좋게 결혼한 지 3년이 채 되기 전에 1억 원을 모았습니다. 그리고 전세 기간이 만료되기 전에 내 집 마련을 할 수 있었습니다.

: 드디어 내 집 마련! 꿈이냐 생시냐

저는 스물다섯 살의 나이에 생애 최초로 내 집을 마련했습니다. 집 계약서를 작성한 날, 집으로 돌아와 펑펑 울었습니다. 마냥 기뻐서가 아니었습니다. 그동안의 한이 풀리는 듯한 기분이 들었습니다. 내 집, 내 방, 내 것이라 할 만한 무언가가 생겼다는 감격이 계속해서 눈물을 흘리게 만들었습니다.

하지만 그 감격의 눈물은 그리 오래가지 않았습니다. 집의 잔금을 치르는 날에 내야 할 복비, 취득세 등을 어떻게 감당해야 하나 걱정이 밀려왔습니다. 사실 그 누구에게도 물어보지 않고 집을 보자마자 겁도 없이 계약금을 넣은 것이었거든요. 대체 어디서 그런 용기가 나왔던 것일까요?

결혼하고 종잣돈을 모으는 동안 저는 150여 채의 단독주택을 살펴보았습니다. 주로 서울 논현동, 대구 수성구 범물동, 대구 달서구 상인동 일대의 매물이었죠. 가진 돈으로 투자할 수 있는, 당시에는 시세가 저렴한 동네들이었습니다. 이 세 곳은 앞으로도 소외되지 않을 동네로 보였습니다. 저는 이 세 곳의 매물 중에서도 주로 다가구주택을 살펴보았습니다. 1층과 2층은 세를 주고, 3층은 주인 세대가 살 수 있는 곳을 원했죠. 대지는 60~100평 정도, 건평 100~150평의 집으로, 대출과 전세를 끼고 3억 원 선으로 살 수 있는 집이어야 했습니다. 사실 그런 집은 찾기 어려웠어요. 조금 마음에 든다 싶으면 5억 원 이상이었죠. 3억 원 선의 집을 찾는 건 10만 원을 들고 명품백을 찾는 것과 같았습니다.

그렇게 많은 단독주택을 보고 나니 눈이 뜨인 걸까요? 저는 한 집을 보자마자 단번에 계약을 했습니다. 다시는 그런 집을 만나지 못할 것이라는 생각이 들었기 때문이죠. 계약서를 쓰고 나서는 다른 집과 비교하지 않았고, 후회하지도 않았습니다. 사고는 이미 쳤고, 계약을 무를 수도 없으니 이제 내 집이라고 마음먹었습니다.

집과 사람은 반드시 인연이 있습니다. 당시 몇 차례 계약을 놓치면서 사람이나 집이나 자기 수준만큼 만난다는 사실을 깨달았습니다. 당시 저는 제 수준에 딱 맞는 집을 샀습니다. 스물다섯 살의 나이에 3억 원 선의 집을 겁 없이 살 수 있었던 건 그 집이 인생의 전부라 생각하지 않았기 때문입니다. 그 집을 사지 못하면 더 큰 부동산을 살 수 없을 것이라는 생각에 덜컥 첫 계약을 했죠.

그 후 저는 온갖 빚이란 빚은 다 끌어와 세금, 복비, 이사비 등을 치렀습니다. 그러고 나니 '내 집이란 게 이런 것이구나'라는 것을 알게 되었습니다. 바로 다음 날에 전입신고를 하고, 다시 전세 계약서를 쓰면서 오늘의 저, 투자자로서의 미래를 상상한 건 아니었습니다. 다만 한 가지는 분명히 했습니다.

'나는 재산을 엉덩이에 깔고 있지 않기 위해 아파트가 아닌 다가구에서 시작한다. 지금은 대구 달서구에 있는 집을 샀지만 언젠가는 서울 강남으로 갈 것이다. 그때가 언제가 될지는 모르겠지만 꼭 그렇게 될 것이다!'

그렇게 저는 스물다섯 살에 집주인이 되었고, 아이를 낳기 전에 내 집을 마련하겠다는 목표를 달성했습니다.

그렇게 마련한 집은 훗날 제가 평생 부동산 투자를 하게 된 발판이 되었습니다. 인생이란 무언가를 위해 허우적거리면 반드시 얻게 됩니다.

인생을 살아가면서 자신이 한 일 중 가장 위대하다고 생각하는 일이 있습니까? 결혼, 출산, 취업, 내 집 마련 등 수많은 일이 있겠지만 제겐 무엇보다 어렸을 때부터 쌓이고 쌓인 한을 풀어내는 일이 첫 번째였습니다. 그래서 앞도 뒤도 보지 않고 그것을 무작정 이루려 했습니다. 스물다섯 살에 쓴 일기를 보니 이렇게 적혀 있더군요.

'세상은 신기할 정도로 내 편이다.'

누구에게나 첫 집을 마련하는 것은 기적과도 같은 일입니다. 그 후에 그것을 지켜내는 힘, 그것을 토대로 무언가를 일구는 힘은 운명이 되죠. 저에게 내 집 마련은 그렇게 운명이 되었습니다.

: 목표가 뚜렷하면 기적이 생긴다

10원이 모이면 1,000원이 되고, 1,000원이 모이면 100만 원이 됩니다. 1천만 원을 모은 뒤 1억 원에 도달하기까지는 너무 힘들지만, 다행히 종잣돈은 마중물과 같아서 잘 굴리면 금세 커집니다.

목표를 명확히 세우면, 기적 같은 일이 생기기도 합니다. 목표가 분명할수록 신기하게도 돈이 모이더군요. 이래서 마음을 잡고 노력하는 게 중요한 겁니다.

종잣돈 모으기는 무조건 스피드를 내야 합니다. 젊은 분이라면 반드시 아이를 낳기 전에 실행하는 것이 좋습니다. 그래야 전력 질주할 수 있고, 에너지를 돈 모으는 데만 쏟을 수 있습니다.

이때 반드시 선택과 집중을 해야 합니다. 내 집 마련이나 종잣돈 모으기는 급하고 중요한 일이다 보니 출발할 때 우선순위에 두어야 합니다. 월급만으로 힘들다면 아르바이트를 하는 등 다른 대안을 생각해야 합니다. 그래야 길이 보입니다. 부자들과 친분을 맺어 그들에게서 지식이나 지혜를 얻는 것도 매우 중요합니다.

저는 1억 원을 모을 때까지 딴생각은 하지 않았습니다. 어쩌면 그것이 가능한 나이였는지도 모릅니다. 그때는 돈을 모으기 위해 하루 20시간 일했습니다. 안 먹고, 안 자고, 안 쓰며 마치 인간이기를 포기한 몰골로 다녔죠. 그래도 지치지 않았고, 하루하루가 행복했습니다. 단지 돈을 벌기 위해서가 아니라 꿈을 위해서였기에 우울하지도, 두렵지도 않았습니다.

현실이 전쟁터라면, 돈은 총알과 같습니다. 이는 제가 자주 사용하는 표현입니다. 종잣돈은 단순한 총알이 아니라, 운명을 바꾸어주는 역할을 합니다. 저의 청춘 시절 종잣돈은 이러했습니다.

- 고등학교 졸업할 때 1,000만 원
- 결혼 전 스물세 살 때 2,900만 원
- 결혼 후 스물다섯 살 때 1억 원

이 돈들이 저의 운명을 한 단계씩 업그레이드시켜주었습니다.

: 아이를 떼어놓고 돈 버는 슬픔

사실 저는 돈에 관해서는 누구보다 전문가이지만, 엄마로서는 정말 형편없습니다. 저는 아이들에게 삼시 세끼를 차려준 적이 없습니다. 생일날 미역국 한 그릇 끓여줄 여유조차 없었습니다. 먹고살기 위해 아이들을 떼어놓고 치열하게 일을 해야 했기 때문이죠.

돌이켜보면 그때가 부자로서 가장 감격스러운 삶의 출발점인 동시에 가장 불행한 순간이었습니다. 엄마가 되는 건 엄마만 되어서는 안 된다는 걸 의미하더군요. 저는 아이를 키우는 데 그렇게 많은 인내의 시간과 돈이 드는 줄 몰랐습니다.

단지 엄마가 되고 싶었을 뿐인데, 아이를 낳고 보니 엄마도 되어야 하고, 돈도 더 많이 벌어야 했습니다. 아이가 딱 초등학교에 입학할 때까지만 하겠다며 시작한 일이 이토록 오래 이어질지 몰랐습니다.

저는 1999년에 낳은 첫 딸을 한 달 만에 떼어놓았습니다. 돈을 벌기 위해 평일에는 먼 지역에 사는 친척에게 맡길 수밖에 없었죠. 2003년에 낳은 아들은 산후조리원에서의 보름을 제외하면 줄곧 떨어져 지냈습니다. 그 당시에도 일을 많이 해야 하는 처지였거든요.

아이를 키우는 데 돈이 많이 들어 제 월급은 고스란히 지출되었고, 가처분소득은 오히려 마이너스였습니다. 그 당시 남편의 사업은 보증 사기로 무너져 내렸습니다. 남편은 꽤 오랫동안 절망에서 헤어나오지 못했습니다.

저를 도와주는 사람은 아무도 없었습니다. 한 녀석은 엄마랑 떨어지기 싫다며 제 바짓단을 붙들고 울다가 경기를 일으키기도 했고, 또 한 녀석은 폐렴으로 병원에 입원하기도 했습니다. 그런 아이들의 모습을 볼 때면 가슴이 찢어졌지만 돈을 벌어야 했기에 일을 그만둘 수 없었습니다.

그때 제 소원은 아이들이 빨리 크고, 저는 빨리 늙는 것이었습니다. 아이들에게 너무 미안하고 매일이 무섭고 두려웠습니다. 암덩어리를 껴안고 사는 기분이었죠. 늘 가슴속에서 무언가가 울컥하고 올라왔습니다. 저는 돈을 벌기 위해 어린 자식들에게 비정하리만큼 자립을 강요했습니다.

저는 아이들이 어느 정도 자랄 때까지 수많은 밤을 울다 지쳐 잠들었습니다. 컨테이너 몇 개에 실릴 만한 각 티슈를 그때 다 쓴 것 같아요. 그 기억이 여전히 슬프고 감격스럽게 가슴에 남아 있습니다. 다행히 아이들은 잘 성장해주었습니다. 지금은 바다 너머에서 서로를 그리워하며 살고 있습니다. 그 사이 저는 부자엄마가 되었고요.

지나고 보니 어깨에 홀로 짊어진 커다란 짐과 아이들의 눈물 덕에 저는 진짜 전문가가 될 수 있었습니다. 엄마가 아니면 모를 가슴 아픈 경험이 뒷받침되어, 한눈팔지 않고 영혼을 쏟아부으며 앞으로 나아갈 수 있었습니다.

신혼 초에 다가구주택으로 시작한 부동산 투자는 아이들의 성장과 함께 더욱 규모가 커졌고, 분야도 다양해졌습니다. 아이들을 위해, 가정을 위해 저는 부동산에 대해 더 열심히 공부하고, 더 치열하게 살 수밖에 없었습니다.

: 부동산 답사, 우리 가족의 주말 소풍

마흔 살까지 제가 사치를 부린 것이라고는 10만 원짜리 시계 하나가 전부였지만 차는 처음부터 좋은 차를 탔습니다. 공인중개사 사무실에 갈 때 차별받지 않기 위해서였죠. 그때 저는 물건을 보러갈 때 제 차로 공인중개사들을 모시고 다녔습니다. 기름값도, 톨게이트비도 모두 제가 부담했습니다. 더 많은 에너지를 쏟아야 그들이 제게 더 좋은 물건을 소개해줄 거라 생각했기 때문입니다.

27년 전에는 공인중개사 사무실이 복덕방이라는 이름을 달고 있었고, 인터넷도 없었습니다. 저는 일찍부터 아이 친구들의 엄마 모임이든, 동네 친구들 모임이든, 남편의 지인 모임이든 그 어떤 모임에도 참석하지 않았습니다. 되도록 돈을 아껴야 했고, 그런 곳에 쓸 시간이 있으면 복덕방 어르신들을 찾아뵙는 게 더 낫다고 생각했습니다.

부잣집에서 부자 나고, 교수 집에서 교수 나고, 변호사 집에서 변호사 나고, 의사 집에서 의사 나고, 공무원 집에서 공무원이 납니다. 저는 제 아이들에게 딱히 뭐가 되라고 할 수 없었습니다. 두 아이 모두 돌 때 연필을 잡긴 했지만 제가 해줄 수 있는 건 부동산 조기 교육뿐이었습니다.

"같이 다니며 공부하자."

아이들이 좀 더 크고 나서는 퇴근 후에는 집 근처 시내로, 주말에는 외곽으로 함께 부동산을 보러 다녔습니다. 차에서 자기도 하고, 먹기도 하며 그렇게 수년을 아이들과 전국으로 다녔죠. 아이들에게 부동산을 보여주고, 상권을 알려주고, 아파트를 가르쳐주었습니다. 제 삶에서 가장 소중한 시간이었습니다.

우리의 대화 주제는 공부, 교육, 맛집, 여행, 나들이가 아니라 중산층과 부자, 그리고 빈자였습니다. 또 전세, 월세, 신용, 대출, 기업, 노동자, 월급, 주식, 배당금 등에 대해서도 대화를 나누었죠. 나중엔 상가를 보러 가면 아이들에게 임대료가 얼마인지 맞춰보게 했고, 임야를 보고 지목이 뭔지, 몇 평인지, 평당 얼마인지 짚어내게 했습니다. 이뿐만이 아닙니다. 밭에서 나는 작물의 보상가와 수입에 대해 알려주기도 했고, 1천 평짜리 논에서 쌀이 몇 가마니 나오는지 알려주기도 했습니다. 시간이 흐르자 아이들도 재미가 붙었는지 제 질문에 척척 대답하더군요.

저는 부동산 계약을 할 때도, 명함을 정리할 때도, 한 달 동안 사용한 금액을 계산할 때도 아이들과 함께했습니다. 어떨 때는 부동산을 매매하기 전에 아이들에게 어떤 곳이 더 좋아 보이는지 물어보기도 했습니다. 상가의 공실을 따져보고 그곳에 무슨 가게를 차리면 좋을지 머리를 맞대고 함께 고민하기도 했죠.

첫째 아이가 아파트 층수만 보고 용도 지역을 알고, 창문 모양을 보고 몇 평인지 맞추는 경지가 되었을 때는 함께 경매 학원에 다녔습니다. 아이가 초등학교 4학년 때 필통에 '가등기', '가압류', '근저당' 등의 부동산 용어를 적어놓은 걸 보고 얼마나 웃었는지 모릅니다.

저는 제가 부동산 부자로 살지 못해도 아이들은 커서 부자가 됐으면 하는 마음이 컸습니다. 그래서 이렇게 다짐했습니다.

'내 모든 걸 다 바쳐 아이들에게 부동산을 볼 줄 아는 안목을 물려줘야지.'

: 부동산 투자, 조기 교육하라

저는 아이들에게 자본주의와 빈부를 가르쳤습니다. 깨끗한 아파트에서 살고 싶어 하는 딸아이에게 왜 열 살이 되도록 낡은 주택에서 살아야 하는지, 왜 우리 집에 빚이 많은지 그 이유를 알려주었습니다. 자연스럽게 아빠와 엄마가 왜 열심히 일을 해야 하는지도 알려주었죠.

우리 가족은 다함께 모여 식사하는 날이 드물었지만 그럼에도 아이들은 엄마의 열정과 꿈을 인정해주었고, 적극적으로 응원해주었습니다.

저는 지금도 모든 가족이 부동산에 대해 배우고 익혀야 한다고 생각합니다. 그래서 많은 사람에게 가족들이 함께 발품을 팔고, 함께 공부해야 한다고 이야기하죠. 부동산을 좋아하지 않으면, 관심을 갖지 않으면 부동산 부자가 될 수 없습니다. 부동산을 사려면 땅, 아파트, 상가를 좋아해야 하고, 보러 다니는 수고스러움을 즐길 수 있어야 합니다. 차 안에서 쉬고, 자고, 밥 먹는 일이 익숙해지면, 나중에 부동산을 쉽게 살 수 있습니다. 알아야 삽니다.

가난한 부모는 부동산에 대해 잘 모르기 때문에 돈을 벌면 엉겁결에 장사를 시작합니다. 돈을 좀 더 번다면 약간의 사치품을 구매하죠. 하지만 부자 부모는 피와 땀으로 좋은 부동산을 골라내고 사는 법을 자식들에게 가르칩니다. 부자 부모는 아이들에게 현실을 교육합니다. 왜 월세를 받아야 하는지, 왜 차를 살 돈으로 갭투자를 해야 하는지, 왜 넓은 집이 아닌 투자용 부동산을 사야 하는지, 왜 진정한 보상은 여행이 아니라 월세인지 가르칩니다.

그래서 저도 부자 부모들을 따라 그렇게 했습니다. 아이들에게 세금이 무엇인지 가르치고, 현장에서 부동산을 배우게 하고, 부동산 투자자가 되어야 한다고 수없이 말해주고, 부자를 만날 때 동행했습니다. 그것이 우리 가족의 공부였습니다. '나라에 취득세, 양도세 등의 세금을 많이 내는 국민으로 살자'라고 다짐했습니다.

우리 가족은 해외여행을 가서도 부동산 사무실에 방문해 그곳의 부동산 가격을 확인합니다. 모델하우스, 부동산 투자 회사도 빠뜨리지 않고 들르죠. 저는 아이들이 자본주의를 이해하길 바랐습니다. 그래야 부자가 될 수 있다는 것을 몸소 배웠기 때문입니다.

요즘은 부동산 공부를 처음 시작하는 사람을 '부린이(부동산과 어린이의 합성어)'라고 부릅니다. 저는 부동산 투자에 대한 기초 개론은 따로 없다고 생각합니다. 천부적인 감각이 없다 해도 아파트, 땅, 상가, 빌딩 등에 대해 끊임없이 공부하고 관심을 갖고 몰입하다 보면 어느 순간 눈이 뜨입니다. 이것이 부동산 투자의 기초라면 기초입니다.

저는 아이들이 자본주의 세상을 쉽고 재미있게 알았으면 했습니다. 그래서 퀴즈를 내기도 했죠.

"저 아파트에는 몇 세대가 살까? 한 동 전체 가격은 얼마일까?"

"저 백화점은 얼마나 할까?"

"저 놀이동산은 몇 평일까?"

"저 학교의 주인은 누구일까?"

"저 빌딩은 대출이 얼마나 될까?"

아이들과 등기부등본을 떼어보고 가격도 맞춰보며 놀았습니다. 실전에서 서류 떼는 법을 알려주고, 자주 함께 다니다 보니 아이들도 부동산을 빨리 이해하더군요.

우리 가족에게 부동산 공부는 일상이었습니다. 아이들은 생활 속에서 자본주의 원리, 부동산, 건물주 등에 관심을 가졌고, 그러다 보니 커서는 한국을 좁게 느꼈습니다.

이제 아이들은 더 큰 나라의 부동산을 배우는 재미에 푹 빠져 있습니다. 역시 자란 환경은 무시할 수 없나 봅니다. 아이들이 어렸을 때 다른 가족들처럼 여기저기로 놀러 다니지 못한 것이 내내 마음에 걸렸지만, 지금 생각하면 잘한 것 같습니다.

부동산 투자나 자본주의 현실을 부정적으로 바라보며 '어른이 되어서나 알아야 할 것'이라고 생각하는 사람들이 있습니다. 하지만 저는 부동산이야말로 조기 교육을 해야 한다고 생각합니다.

부동산은 아이들과 부모가 함께 공부하기에 더없이 재미있는 주제이며, 각자의 인생을 잘 살게 할 수 있는 카드가 될 수 있습니다. 무엇보다 살아가면서 평생 해야 할 공부 분야이니 어릴 때부터 익숙해지는 게 좋지 않을까요?

3

부자 마인드,
가난한 마인드

돈 굴리는 방법을 모르면 노예처럼 살게 됩니다. 또 돈 버는 일을 혐오하거나 두려워하면 자손 대대로 가난을 대물림하게 됩니다. 부를 끌어당기는 가장 빠른 방법은 무엇일까요? 바로 부동산 투자입니다. 다만 돈을 불리는 재미에는 위험이 따릅니다.

: 먹고살 만하니 찾아온 병

죽음 앞에 서본 적이 있나요? 갑작스럽게 죽음 앞에 서게 되면 어떤 생각이 들 것 같나요? 저는 울보입니다. 그런데 진짜 죽음 앞에 서보니 눈물조차 마르더군요. 어미가 자식을 두고 죽을지도 모른다는 사실 앞에선 눈물이 나지 않았습니다.

명은 세 가지가 있다고 하죠. 장수하며 100세까지 살 수 있는 수명隨命, 본래부터 좋은 명을 받아 부귀해지는 정명正名, 뜻하지 않게 화를 당하는 조명遭命. 저는 두 번이나 조명 앞에 서보았습니다.

2020년 1월의 일입니다.

"뇌출혈이나 반신불수, 또는 언어마비가 올 수도 있었습니다. 정말 그런 일이 일어나지 않은 게 신기할 정도입니다. 다행히 현재 뇌는 깨끗한 상태입니다. 저도 이런 경우는 처음이라 놀랐습니다. 그래서 급히 시술을 진행한 겁니다. 다음 검사 날짜와 시술 날짜를 잡고 퇴원하기로 합시다."

죽을 수도 있다는 게, 반신불수가 될 수도 있다는 게 이렇게 쉬운 일일까요? 의사 선생님 앞에서는 태연했지만 환자 대기실로 돌아와서는 주변을 아랑곳하지 않고 펑펑 울었습니다. 억울하고 서러워서가 아니라 살아있음에 감사해서였습니다.

그런데 6개월 뒤 또 예상치 못한 일이 벌어졌습니다. 정신을 차려보니 저는 중환자실에 누워 있었습니다.

"환자분, 여기 어딘지 아시겠어요? 정신 좀 차려보세요!"

의료진들의 다급한 목소리가 들렸습니다. 그렇게 저는 아산병원 3층 신경과 중환자실 한 평짜리 침대에 누워 30분마다 바이탈을 체크하고, 간간이 이동 엑스레이를 찍고, 2시간마다 피를 뽑았습니다. 1시간마다 중환자실 의사 선생님이 찾아와 상태를 확인했죠. 제 몸엔 너무나 많은 선들이 연결되어 있었습니다. 옆쪽을 보니 소변통도 달려 있었습니다. 한 번 일어서 보려 했지만 선들이 엉켜 있어 엄두가 나지 않았습니다. 그곳에는 PC도, TV도, 책도, 사람도 없었습니다. 그저 저 혼자만 덩그러니 있었죠. 살면서 그렇게 발버둥 치며 가지려 했던 건 아무것도 없었습니다.

죽음을 경험해본 사람은 운명 앞에서 좀 더 숙연해질 수 있습니다. 신이 정하신 것들은 피할 수 없죠. 이렇게 숨을 쉬며 살아갈 수 있음에, 어머니처럼 갑작스럽게 조명하지 않은 것에 뜨겁게 감사합니다.

: 좀 더 분명해진 삶, 이제 해야 할 것은?

2007년에 골수 검사까지 하며 죽음의 위기를 넘겼습니다. 저는 그때 죽음보다 아무것도 하지 않고 누워 있는 자신이 더 무섭고 두려웠습니다. 일중독, 시간 중독, 생각 중독인 저는 정신을 차리자마자 A4 용지와 볼펜을 빌려 담담히 편지를 썼습니다. 그리고 자신을 돌아보았습니다.

가난한 가정에서 태어나 아등바등 살아온 지난 시간들이 눈앞에 펼쳐졌습니다. 이제 아이들도 다 키우고 잠을 몇 시간 더 잘 수 있게 되었는데, 지금 죽기엔 억울하다는 생각이 들었습니다. 내게 남은 시간 동안 무엇을 해야 하는지 더 뚜렷해졌습니다. 죽음 앞에 서보니 또 다른 진실이 보였습니다. 그것은 바로 내가 엄마라는 사실이었죠.

'내가 그토록 미칠 수 있었던 건 엄마여서였구나. 난 내 자식들이 나처럼 가난하게 살게 될까 두려웠구나.'

늘 나만 억울하다고 생각했습니다. 아이들을 위해 열심히 사는 게 최선이라고 생각했습니다. 하지만 그것은 치명적인 실수였습니다. 열심히 사는 것 자체는 결코 사랑이 아니었습니다.

이것은 가난한 엄마가 빠질 수 있는 함정입니다. 신이 또 한 번 나를 살려준 것은 바로 이 때문인 듯했습니다. 저는 중환자실 침대에 누워 이렇게 생각했습니다.

'내 아이들에게 부자 마인드를 물려주고 싶다.'

가난하게 태어나 늘 부를 열망했고, 실패를 거듭한 끝에 원하는 것을 이루었고, 젊은 나이에 죽음 앞에도 서보니 정말 중요한 것만 남은 기분이 들었습니다. 그것은 돈 버는 기술이 아니라 돈이 따라오게 하는 태도와 마음가짐에 관한 것이었습니다. 가난에 젖어 살면 볼 수 없는 것, 자기도 모르게 자식에게 물려주게 되는 마인드 말입니다.

: 가난한 부모, 가난한 마인드

가난한 환경에서 자라면 숱한 가로막힘을 경험하며 숱한 시련들과 씨름을 벌여야 합니다. 사실 가난에는 낭만이 없습니다. 물리적인 고생은 그렇다 쳐도, 또래 친구들과 비교당하며 느끼는 자괴감은 어떨까요?

많은 사람이 겉으로 티를 내지 않을 뿐, 가슴속에 배우지 못한 것에 대한 한恨, 먹고 싶은 걸 먹지 못한 것에 대한 한, 늘 놀림의 대상이 된 것에 대한 한을 가지고 있습니다. 이런 한들이 쌓이면 구김살이 생깁니다.

저는 짜증을 잘 내고, 늘 조급해 하고, 긴장하고, 자주 두려움에 휩싸입니다. 아마도 가난한 환경에서 살아내고자 했기 때문이 아닐까요? 환경이 좋지 않으면 불친절한 싸움닭이 되기 십상입니다. 사실 이런 이야기는 누구에게도 털어놓기 쉽지 않죠.

혹시 자신이 눈치를 많이 본다고 생각하시나요? 가난한 환경에서 자라면 눈치가 늘게 마련입니다. 밥 먹을 때도, 쉴 때도, 심지어 숨을 쉴 때도 무의식중에 눈치를 보죠.

부유한 환경에서 자란 사람들은 확실히 구김살이 적습니다. 눈치도 잘 보지 않고 순수합니다. 그들은 상황이 좋지 않아도 크게 스트레스를 받지 않고 긍정적으로 생각합니다.

이 차이를 어떻게 생각하시나요? 단지 돈이 없고 집이 좁은 것이 가난이 아닙니다. 가난은 훨씬 더 복합적입니다. 원래 자기 심성보다 비뚤어져 의심하고, 눈치 보고, 혼자 상처받고, 머리를 굴리며 생각하는 등의 태도를 가지게 되었다면, 그건 가난이 남긴 흔적입니다. 마음의 가난은 대부분 돈이 부족한 환경 때문에 형성됩니다. 물론 돈이 부족하다 해서 무조건 마음이 삐딱해지고 가난

부자엄마 투자수업

해지는 건 아닙니다. 그럴 확률이 매우 높다는 것이죠. 그런 사람들과 환경에 둘러싸이게 되니까요.

제가 살펴본 대표적인 가난한 마음은 이렇습니다.

- 눈치를 많이 본다.
- 부정적인 언어를 많이 사용한다.
- 의심과 불안이 많다.
- 누군가의 호의를 당연하게 생각한다.
- 인색함과 절약을 구별할 줄 모른다.
- 남이 돈 많은 걸 시기한다.
- 얻어먹는 것을 당연하게 생각한다.
- 자기가 해결하려고 하기보다 남에게 기댄다.
- 남 탓을 많이 한다.

지금도 저희 아버지는 불행한 일이 생기면 인명人命이라고 하십니다. 이제는 그것이 가난한 생각에서 비롯되었다는 것을 압니다. 생각이 가난하면 모든 탓을 남에게 돌려야 마음이 편하기 때문이겠죠.

아버지는 1940년대에 경상도에서 태어나셨습니다. 4남 1녀 중 장남이었던 아버지는 부족한 농사일을 돕기 위해 초등학교만 간신히 졸업하고 군대에 가기 전까지 농사를 지으셨습니다.

아버지의 아버지께서도 소작농이셨습니다. 6·25전쟁이 터지고 난 다음의 생활은 더 궁핍할 수밖에 없었죠. 할아버지와 할머니께서는 학교도 다니지 못하고 지독한 가난과 싸우셨다고 하니, 가난은 정말 대물림이 되는 것 같습니다.

아버지는 서울과 대구를 오가며 일자리를 찾다 대구에 터를 잡았습니다. 아버지는 자신이 가난한 줄 몰랐습니다. 모두 그렇게 힘들게 산다고 생각하셨죠. 보고 배운 게 없다 보니 사회 물정도 잘 몰랐고, 사고가 고립되어 있어 하루 벌어 하루 먹고살기 바빴습니다.

저는 부모님에게 가난에서 벗어나는 법에 대해 들은 적이 없습니다. 가난하게 태어났으면 그저 그렇게 살아야 하는 줄 알았습니다. 가난한 마인드에 갇히면 생각과 태도가 닮아가고, 다른 삶을 상상하기 어렵습니다.

사실 지금 이런 이야기가 상당히 불편하게 들릴 수도 있습니다. 가난을 폄훼하고, 가난한 사람을 모두 도매금으로 넘기는 듯한 느낌이 들지도 모르겠습니다. 하지만 이런 주제를 왜곡하지 말았으면 합니다. 대부분의 사람이 가난한 생각과 태도를 가지고 있습니다. 그것은 사실입니다. 가난한 생각과 태도는 자신을 좀 먹게 하고 더 나은 사람이 되지 못하게 가로막습니다.

자신의 생각과 태도가 비뚤어졌다면 고쳐야 하지 않을까요? 부모에게서, 자란 환경에서 좋은 생각과 태도를 배울 기회가 적었다면 지금이라도 배워야 하지 않을까요? 그것으로 부를 가져오는 마인드를 만들 수 있다면 말입니다.

: 가난한 부모의 말, 부자 부모의 말

가난한 부모는 모두 비슷한 말을 합니다.

- 자식에게 돈을 물려주면 안 된다.
- 돈을 빌리면 안 된다.
- 열심히 살아라.
- 부지런히 살아라.
- 성실해라.
- 알뜰해라.

그리고 가난한 부모는 모두 비슷하게 삽니다.

- 저축을 좋아한다.
- 절약이 몸에 배어 있다.
- 보험에 많이 가입한다.
- 대출이 없다.
- 부동산 공부를 하지 않는다.

그래서 가난한 부모에게는 이런 특징이 있습니다.

- 공짜를 아주 좋아한다.

- 줄 서서 얻는 것이 옳다고 믿는다.
- 계산을 정확하게 한다.
- 손해를 보면 안 된다고 믿는다.

그렇다면 부자 부모는 자식을 어떻게 가르칠까요?

- 경제 교육부터 시작한다.
- 세금에 대해 가르친다.
- 자본 투자자가 되라고 말한다.
- 취업보다 자기 사업을 하라고 말한다.
- 돈은 써야 한다고 말한다.

그리고 부자 부모는 모두 비슷하게 삽니다.

- 돈을 내고 남의 경험을 배운다.
- 돈을 내고 남의 지식을 익힌다.
- 남의 마음을 산다.
- 교육에 돈을 아끼지 않는다.
- 시간에 투자한다.

그래서 부자 부모에게는 이런 특징이 있습니다.
- 후대를 생각한다.

- 공짜를 거절한다.
- 시간을 돈이라고 생각한다.
- 기브 앤 테이크를 좋아한다.
- 밥값은 무조건 먼저 낸다.

부자는 DNA만 유전되는 게 아니라 생활 습관도 그대로 유전됩니다. 우리는 부자학을 반드시 배워야 합니다. 왕비재테크 카페에 '부자의 비밀'이라는 코너가 있습니다. 저는 두 아이를 위해 이 공간에 꾸준히 글을 씁니다. 매달 두 편씩 글을 쓴 지 12년이나 되었네요. 밥 먹는 시간을 아껴서라도 글을 쓰는 이유는 제 마인드가 아이들의 가치관이 되길 바라기 때문입니다.

부자로 태어나면 어릴 때부터 보고 배우는 게 다릅니다. 그러한 환경에서 태어나지 못했다면 환경을 바꿔서라도 배워야 합니다. 환경을 바꿀 수 없다면 책으로라도 배워야 합니다.

많은 사람이 일하지 않으면서도 돈을 펑펑 쓰며 살고 싶다는 바람을 갖고 있습니다. 부자가 되길 원하면서 이런 마인드를 갖고 있다면 결코 바라는 바를 이룰 수 없습니다.

부에 따른 생각에는 등급이 있습니다. 1억 원을 번 사람은 1억 원의 마인드를, 10억 원을 번 사람은 10억 원의 마인드를, 100억 원을 번 사람은 100억 원의 마인드를 가지고 있습니다. 1조 원을 번 사람은 1조 원의 마인드를 가지고 있을 테죠. 그 마인드는 자식에게 고스란히 대물림됩니다. 부모가 부와 동시에 습관과 마인드를 물려주는 것입니다.

: 어떤 마인드가 부와 이어지는가?

많은 사람이 초등학교 때부터 대학 때까지 미친 듯 공부하는 이유는 무엇일까요? 좋은 직장에 취직해 돈을 많이 벌어 편하게 먹고살기 위해서가 아닐까요? 그런데 실은 이 방법이 제일 어렵습니다. 이렇게 해서는 부자와 비슷하게 될 수도 없습니다. 남들이 가는 길을 따라 가면 남들만큼 살기도 어렵죠.

평범한 생각을 깨야 합니다. 돈 씀씀이만 봐도 생각의 수준을 알 수 있습니다. 주변에 돈 좀 번다는 사람들을 살펴보세요. 그들은 약간의 돈을 벌면 겨우 이 정도 행동을 합니다.

– 좋은 집을 산다.
– 차를 바꾼다.
– 해외여행을 간다.
– 아이들을 유학 보낸다.
– 명품을 산다.

그렇다면 진짜 부자들은 어떨까요? 그들은 씀씀이가 다릅니다. 그들은 돈을 이렇게 쓰죠.

- 자신에게 투자한다.
- 자녀 교육에 투자한다.
- 다른 사람의 경험을 산다.
- 자신보다 상황이 나은 사람들과 교류한다.
- 사회 환원을 생각한다.

부자들의 이런 모습을 배우고자 그 많은 사람이 워런 버핏과 식사하는 데 비싼 비용을 기꺼이 치릅니다. 가난한 마인드를 가진 사람들은 돈이 생기면 자기 자신에게 좋은 물건을 사주는 데 돈을 씁니다. 돈을 어떻게 써야 하는지 배운 적이 없기 때문이죠.

다들 왜 그렇게 명품에 목을 매는 걸까요? 다른 사람에게 자랑하기 위해서? 진짜 부자는 남이 자신을 어떻게 바라보는지 전혀 신경 쓰지 않습니다. 누군가는 샤넬 가방 따위에 집착할 시간에 누군가는 어떻게 하면 샤넬 매장을 낼 수 있는지를 생각합니다.

즉 부자는 돈을 쓰는 게 다릅니다. 돈을 쓰는 방법과 대상이 다르죠. 가난의 대물림은 돈을 어떻게 쓰느냐에 달려 있습니다. 생각이 궁하면 돈을 쓰는 것도 궁하고, 생각이 부하면 돈을 쓰는 것도 부합니다.

돈은 어떻게 버느냐도 중요하지만, 어떻게 쓰느냐가 보다 더 중요합니다. 부자들이 부를 대물림하는 것은 돈을 대물림하는 것이 아니라 유대인처럼 환경을 대물림하는 것입니다. 돈이 없는 사람이 진짜 가난한 게 아니라 부자들이 돈을 어떻게 벌고 쓰는지 배울 환경 자체가 없다는 것이 진짜 가난한 겁니다.

부자들은 돈이 이런 사람에게 가지 않는다는 사실을 잘 알고 있습니다.

- 쓸데없는 곳에 돈을 쓰는 사람
- 돈을 벌 의지가 없는 사람
- 간절하게 돈을 원하지 않는 사람
- 돈이 모여도 미래가 없는 사람
- 꿈이 없어 돈의 가치가 소용없는 사람

혹시 이 중에 해당하는 사항이 있나요? 사실 돈은 꿈의 또 다른 이름입니다. 돈은 누군가가 대신 벌어줄 수도 있지만, 마인드가 변변찮으면 다른 사람이 도와줄 수 없습니다. 지금 당장 궁상맞지 않는, 부가 따라 오는 마인드로 바꾸길 바랍니다.

: 왜 스스로 가난한 선택을 하는 걸까?

5년 전 서울 중랑구 사가정 아이파크 33평 분양가는 6억 원 선이었습니다. 같은 시기 부산 엘시티 77평 분양가는 20억 원이었죠. 현재 사가정 아이파크, 엘시티 각각의 피(프리미엄)와 시세를 분석하여, 어느 아파트에 투자할 것인가는 계속 공부하지 않으면 답이 보이지 않습니다.

가난한 마인드를 가진 사람이 공부를 해왔다고 가정해봅시다. 5년 전으로 돌아간다면 그들은 어떤 선택을 할까요? 사가정 아이파크는 오르지 않을 수도 있다는 이유로, 엘시티는 비싸다는 이유로 사지 않았을 것입니다. 많은 사람이 의심 때문에 가난하게 삽니다. 이긴다는 건 질 수도 있다는 의미입니다. 돈을 버는 건 리스크를 감내해야 하는 일이죠.

워런 버핏처럼은 아니더라도 많은 사람이 꽤 오래전부터 국경을 넘나들며 돈을 굴리고 있습니다. 이제는 누구나 돈을 버는 데 좀 더 적극적입니다. 그래서 외국인 투자자금 유입·유출, 통화스와프, 외채 차입 등으로 나라마다 세계 경기 변동에 영향을 받습니다. 달러의 기축통화 액수가 전 세계 각 국가 경제에 영향을 미칩니다.

이 사실은 무엇을 의미할까요? 그에 따른 문제점을 인지해야 한다는 것입니다. 결국 달러를 찍어내 돈이 풀리면 중산층부터 붕괴됩니다. 돈이 많아지면 그 돈이 부동산 등의 인플레 헷지 시장으로 흘러들어 소비자 물가가 오르락내리락 반복하다 결국은 오릅니다. 우리는 살아오면서 이러한 사실을 직접 배웠죠.

전문가가 아니라도 지난 10년 경제를 추적해보면 경기 불황과 경기 호황을 무시하고 통화량이 증가할 때마다 소비자 물가가 상승을 거듭했고, 돈의 가치가 날개 없이 추락했다는 사실을 알 수 있습니다. 부동산 역시 극심한 경기 불황에도 오르락내리락하다 무섭게 올랐죠. 원자재 시장도 마찬가지였습니다.

물가는 월급으로 따라잡을 수 없을 만큼 가파르게 올라 계층 간 진입이 더욱 어려워졌습니다. 이에 다수는 희생당했지만, 누군가는 엄청난 부를 창출했습니다. 희생은 결국 누구 몫일까요? 아무것도 모르는 '무지'로 다수의 개인이 희생됩니다.

그 대상은 무작정 부지런히, 열심히, 성실히 사는 사람입니다. 밀레의 작품 〈이삭 줍는 여인〉에서 평화를 본다면 가난한 사람입니다. 먹을 게 없어 이삭이라도 줍고 있는 모습에서 성실하게만 사는 무지를 봐야 합니다.

: 절대 피해야 할 다섯 가지 무지

앞서 여러 차례 무지는 대물림된다고 이야기했습니다. 제가 꼽은, 절대 피해야 할 무지는 다섯 가지입니다. 이에 대해 하나씩 알아보고, 얼른 가난한 마인드에서 탈피하기 바랍니다.

1 / 저축하는 무지

물리학자 알버트 아인슈타인은 노벨상을 받은 뒤 기자로부터 인류 최고의 발명품이 무엇이냐는 질문을 받았습니다. 아인슈타인은 놀랍게도 이렇게 대답했습니다.

"우주에서 가장 강력한 힘은 복리다Compound interest."

그만큼 복리는 돈이 불어나는 마법 같은 힘을 가지고 있습니다.

'72의 법칙'이라는 것이 있습니다. 72의 법칙이란, 복리로 돈을 운용할 때 원금이 두 배가 되는 기간을 간편하게 계산하는 방법입니다. 72라는 숫자를 수익률로 나누면 원금이 두 배가 되는 기간을 산출할 수 있습니다.

$$72 \div \% = Y$$
(금리) (년)

그러나 이제는 이 법칙도 실종되었습니다. 지금은 저금리 시대입니다. 한 푼도 쓰지 않고 모은다 해도 부자가 되기는커녕 인플레이션 방어도 힘듭니다. 지금은 온전히 저축하는 것이 아니라 종잣돈을 모으는 수준으로 저축을 병행하는 정도여야 합니다. 최고의 재테크가 저축인 시대는 다시 오지 않을 것입니다.

1911년에 태어난 사람이 딱 100살이 된 시기는 2011년입니다. 만약 태어난 순간부터 100년 동안 월 100만 원씩 저축했다면 그 돈은 얼마가 되어 있을까요? 계산기를 두드려보면 정확한 답을 알 수 있겠죠? 그런데 팩트에 근거해 저축의 함정을 생각해보아야 합니다. 아끼고, 아끼고, 또 아끼는데 돈은 왜 점점 줄어드는지 그 이유를 진지하게 고민해보세요.

돈의 가치는 매일매일 떨어지고 있습니다. 이제는 저축으로는 절대 돈을 불릴 수 없다는 뜻입니다. 그래서 투자를 배워야 하는 것입니다.

우선, 투자와 투기의 차이부터 알아야 합니다. 돈의 수익률을 누군가가 책임져주면 안전한 투자이고, 아무도 책임져주지 않으면 불안전한 투기입니다. 이때 저축의 수익률이 0%라면, 투기의 수익률은 50%입니다. 무식하게 나누면 이럴 겁니다.

저축 0%, 투자 25%, 투기 50%, 도박 100%

사실 이제 저축이냐, 투자냐는 중요하지 않습니다. 저축의 시대는 막을 내렸으니까요. 지금은 투자의 시대에서 투기의 시대로 넘어가고 있습니다.

월급을 받는 사람이 매월 100만 원씩 모은다면 1년 후에 그 돈은 1,200만 원이 됩니다. 1년에 1천만 원을 모은다면 10억 원을 모으기까지 100년이 걸리죠.

1억 원을 4.6% 수익률을 내는 곳에 투자하면 2억 원이 되기까지 16년(72÷4.6=15.6)이 걸립니다. 인플레이션에 돈의 가치가 반감되는 시간까지 감안하면 저축은 마이너스 수익률이 되죠.

돈을 자세히 연구해보면 돈이란, 단순히 자신의 소득인 월급을 늘리거나 지출만 통제한다고 해서 불어나지 않습니다. 월급만 가지고는 다음 문제를 넘어설 수 없습니다.

- 시간의 유한함(한정)
- 노동 시간만큼의 수익 창출
- 인플레이션 문제

저축에 대한 자신만의 소신이 있다면, 아직도 그 소신을 버리지 못했다면 기억하세요. 기회는 한 번 놓치면 다시 붙잡을 수 없습니다. 기회를 단번에 잡을 수 있는 눈을 가져야 합니다. 안타깝게도 저축이 그 눈을 가리는 경우가 많습니다.

2 / 무조건 절약하는 무지

'그래도 나는 저축을 하고 있으니까.'

이런 안도감이 기회를 막는다고 이야기했습니다. 저축을 고집하는 사람들이 흔히 그와 세트로 가지고 있는 무지가 있습니다. 바로 막연히 지출을 통제해 안정을 추구하는 것이죠. 그들은 절약을 미덕으로 여깁니다.

그런데 아무리 아끼고 모은다 해도 부의 냄새조차 맡기 어려울 것입니다. 절약의 시대는 끝났습니다. 월급으로 생기는 가처분소득은 너무 낮습니다. 그 가처분소득으로 절약하는 건 형편없는 짓입니다. 무조건적인 절약은 너무 위험합니다.

절약은 써야 할 곳, 쓰지 말아야 할 곳을 구별하는 일입니다. 명품을 막 구입하라는 이야기가 아닙니다. 절약하지 말아야 할 곳에 절약하면 안 된다는 이야기입니다.

예를 들어, 식비를 아끼면 안 됩니다. 싸구려 식재료를 먹으면 건강을 잃게 될 수도 있습니다. 한 달에 10만 원의 식비를 아끼면 1년에 120만 원을 모을 수 있지만 그보다는 좋은 식재료를 구입해 건강을 지키는 것이 더욱 바람직합니다. 늙어서 암 치료비로 쓰는 지출이 식비를 아낀 것보다 훨씬 크다면 절약의 역행이죠. 그건 잘못된 절약입니다.

쓸데없는 지출을 줄이는 건 잘하는 일이지만, 옛날 방식으로 절약해 한 푼, 두 푼 모으겠다는 마인드는 위험합니다. 그런 마인드는 삶을 더 가난하게 만들 뿐입니다.

3 / 빚을 내지 않는 무지

DTI, LTV, DSR 등 온갖 부동산 규제와 정책이 나오고 있습니다. 최근에는 정부가 투기지역, 투기과열지구, 조정대상지역을 구분했죠. 세부 내용을 살펴보면 모든 부동산 정책은 대출과 관련이 있습니다. '대출을 강력히 규제할 것인가, 적당히 묶을 것인가!' 규제와 완화 사이에서 대출의 한도가 결정됩니다.

투자를 할 때는 대출의 힘을 빌려야 합니다. 부자는 더 많은 액수를 더 오랜 기간 대출하면서 더 적은 이자를 내는 법을 연구합니다. 반면 빈자는 어떨까요? 그들은 이자가 무서워 대출을 받을 엄두를 내지 못합니다. 이는 마인드의 차이입니다.

대출을 활용하지 않는다면 계속 가난하게 살아야 합니다. 온갖 규제 속에서 대출은 언제나 잘 활용해야 하는 수단입니다.

4 / 줄줄이 보험에 가입하는 무지

보험은 참 좋은 상품입니다. 그러나 시대적 환경에 따라 사회가 변하듯 금융의 역할도 확 바뀌었습니다.

예전에는 가난한 사람이 불행을 대비해 행복하고 건강할 때 수익의 일부를 장기적으로 납입했습니다. 보험은 먼 미래에 자기 차입금에 이자 명목의 인플레이션헤지 유무와 관련해 정해진 돈을 매달 또는 일시불로 약속해 받는 방식이죠. 그런데 인플레이션 헤지를 계산하면 지금의 보험은 상속과 증여 문제를 해결하는 수단, 즉 진짜 부자들을 위한 상품이 되어버렸습니다.

현재 30세인 사람이 월급의 10%를 보험료로 20년 동안 납입한다고 생각해봅시다. 80세 종신일 경우, 50년 뒤 월급의 10%와 이자의 가치는 어떻게 될까요? 그 돈은 휴지 조각이 되어 버릴지도 모릅니다.

반대로 월급의 10%를 대출 이자로 20년 장기 납입하는 부동산 투자 물건이 있다고 생각해봅시다. 추후 그 물건의 가치는 어느 정도 상승할까요? 돈은 정말 똑똑하게 잘 굴려야 합니다.

5 / 공부하지 않는 무지

여러분에게 1억 원의 여유자금이 있다고 생각해봅시다. 1억 원 중 1천만 원을 부동산 공부를 하는 데 지불하고, 9천만 원으로 부동산 투자를 한다면 10년 뒤 9천만 원은 얼마가 되어 있을까요? 혹은 지출이 너무 아까워 아무것도 배우지 않고 자신의 감만으로 1억 원을 모두 투자한다면 10년 뒤 그 돈은 얼마가 되어 있을까요? 답이 너무 분명하지 않나요?

배워야 잃지 않습니다. 무지하면 전부를 잃을 수도 있습니다. 저는 경험을 통해 그러한 사실을 톡톡히 배웠습니다. 투자를 하고자 마음먹었다면 일단 돈 공부부터 시작해야 합니다.

: 직장을 어떻게 활용할 것인가?

산에서 토끼를 잡는 데 2시간, 호랑이를 잡는 데 5시간이 걸린다면 여러분은 무엇을 잡을 건가요? 여러분이 토끼와 호랑이 중 무엇을 잡을지 고민할 시간에 투자자는 어떻게 하면 그 산을 살지 고민합니다.

이것이 바로 돈을 버는 진실입니다. 투자를 해보지 않은 사람은 산이라는 전체 그림을 보지 못합니다. 그래서 늘 이렇게 토로하죠.

"왜 나는 경제 활동을 하는데도 늘 돈이 부족한 거지?"

"돈 모으는 일, 돈 버는 일, 돈 굴리는 일이 왜 이렇게 어려운 거지?"

전체 그림을 보지 못하기 때문에 결국 부자가 되는 길은 운에 달렸다고 생각하고 체념합니다.

주변 선배들을 살펴보세요. 30년 이상 성실하게 직장 생활을 하고 은퇴한 사람들은 둘로 나뉩니다. 돈을 모은 사람과 모으지 못한 사람!

같은 시대에서, 비슷한 상황에서, 비슷한 업무를 했음에도 누구는 강남의 30억 원짜리 아파트를 가지고 있고, 누구는 전세와 월세로 허덕입니다. 월급으로 딴짓을 하지도 않았는데 말이죠. 그 이유는 무엇일까요? 후자는 바빴다고, 몰랐다고, 아팠다고, 자식을 키우느라, 물려받은 게 없어서 등의 핑계를 댈 것입니다. 그들은 아마 이런 행동 양식을 가지고 있을 것입니다.

- 가계부에 10원짜리까지 적는다.
- 한평생 저축만 했다.
- 이자가 무서워 대출을 100원도 받지 않았다.
- 가입해둔 보험 상품이 많다.
- 부자가 되는 법을 공부한 적이 없다.

이 다섯 가지는 삶을 더 가난하게 만드는 명확한 이유이기도 합니다.

돈을 버는 시기는 짧습니다. 시간이 지날수록 그 시기는 더욱 짧아지고 있습니다. 60세 은퇴는 옛날이야기가 되어버렸습니다. 요즘 40세 명퇴가 얼마나 많나요? 물 들어올 때 노 저어야 하듯 월급을 받을 때 일찍 은퇴를 준비해야 합니다.

현재 300만 원의 월급을 받는 사람을 상상해보죠. 그는 월급을 받아 저축하고, 아파트 원리금을 내고, 관리비를 내고, 식비, 카드비, 경조사비 등을 지출할 것입니다. 결혼해서 자녀가 있다면 가처분소득이 마이너스일 수도 있죠. 미래의 위험으로부터 자신을 보호하기 위해 가입한 보험료를 내기도 늘 빠듯할 것입니다. 그럼에도 저축을 했으니 나름 재테크를 열심히 하고 있다고 위안할 것입니다. 지금 이 상태라면 더 넓은 집에서, 더 좋은 동네에서 살 확률은 높지 않습니다.

부동산을 보는 안목도 없고, 돈을 벌어본 적도 없고, 대출을 받아본 적도 없다면, 나이가 들수록 투자는 점점 더 어렵습니다. 확신보다 의심이 많아질 나이가 되면 부동산 투자를 하기 힘들죠. 직장을 다닌 것 외에 다른 일을 해보지 않았다면 호기심과 상상력도 부족할 것이고요. 월급쟁이로 오래 지내면 마인드에 한계가 생깁니다.

심정적으로 이해를 하지 못하는 건 아니지만 한평생 안정을 추구한 사람이 어느 날 갑자기 투자를 시작하기란 상당히 어렵습니다. 투자 정보를 교류할 사람도 없고, 도움을 주는 사람도 없는 상태에서 자신만의 틀을 깨부순다는 건 엄청난 리스크이고, 도전입니다.

많은 사람이 자신의 그릇을 키우는 것을 버거워합니다. 매일 아침 일찍 출근해 퇴근 시간까지 누군가의 지시를 받아 일을 해온 사람들은 어느 날 갑자기 알아서 일하라고 하면 무엇을 해야 할지 몰라 힘들어합니다. 계획조차 제대로 세우지 못하죠.

한평생 저축밖에 하지 않은 사람은 어디에 큰돈을 투자하라고 하면 엄청난 두려움에 휩싸입니다. 미래에 대한 불안감 때문에 오히려 월급을 받는 것이 낫다고, 큰 낭패를 볼지도 모르는 투자자로서의 삶이 훨씬 자유롭지 못하다고 생각합니다. 이것이 기회를 잡지 못하는 사람들의 솔직한 자화상입니다.

돈의 습성을 들여다보면 수익이 수익을 낳습니다. 고위험, 고수익, 저위험, 저수익이란 계산이 정확히 들어맞습니다. 저는 늘 과감하게 일을 벌였습니다. 결과는 여러분이 알고 있는 대로입니다. 일찍, 과감하게 투자해 결국 제 삶이 바뀌었습니다.

저는 월급쟁이를 그만둠으로써 더 많은 기회를 포착할 수 있었습니다. 물론 투자자로서의 삶이 늘 장밋빛이기만 한 것은 아닙니다. 다른 사람에게 속은 적도 있고, 시장조사를 제대로 하지 않아 엄청난 손해를 본 적도 있습니다. 하지만 저는 그러한 과정을 통해 더욱 단단해졌습니다. 투자자로 살아가는 것은 매우 험난하지만, 그래도 가난에서 벗어나는 방법은 투자밖에 없다는 생각은 변함없습니다.

저는 이제 월급쟁이로 살 수 없습니다. 차라리 시장에서 행상을 하는 사장님이 제게 더 어울린다고 생각합니다. 취직을 하면 시간이 없어 자신의 꿈은 포기한 채 사장님의 꿈을 위해 살아야 하잖아요.

직장은 오래 다니지 말아야 합니다. 과격하게 말하면, 직장을 그만두어야 진짜 희망이 생깁니다. 아이들의 미래도 더 안전해집니다. 제 인생에서 잘한 일 중 하나가 바로 직장을 그만둔 것입니다.

다만, 직장은 준비가 끝난 뒤에 그만두어야 합니다. 제 말의 요지는 투자를 잘해 은퇴 시기를 앞당기라는 것입니다. 몇 달 공부해 운 좋게 산 집이 1년에 몇 천만 원 오른 것을 보고 자신의 능력을 과대평가해 직장을 그만두고 투자자로 살겠다고 마음먹으면 쪽박 차기 쉽습니다.

결론적으로, 직장인이라면 다음 사실을 꼭 기억해야 합니다.

- 직장은 투자의 엔진이다.
- 직장은 빚을 내기 위한 담보물이어야 한다.
- 직장에 다니며 시드머니를 최대한 많이 확보해야 한다.
- 직장에 다니며 종잣돈을 모으지 못하면 기회가 없다.
- 직장이라는 우리 안에 있을 때 정글을 미리 살펴보아야 한다.

부자엄마 투자수업

: 돈의 다른 말은 '욕망'이다

여러분도 한때는 돈을 생각대로 모을 수 있을 것이라고 착각했을 겁니다. 직장을 오래 다니면 집 한 채 정도는 충분히 살 수 있을 거라 생각했을 테죠. 하지만 이는 현실과 동떨어진 생각입니다. 아니, 큰 착각입니다.

여전히 막연하게 경기가 곧 회복될 것이라고 믿고 있나요? 가계 부채 상환 능력이 안 되니 금리가 떨어졌어도 여전히 대출을 받을 생각이 없나요? 대출을 받아 집을 구매하려니 경기 불황으로 집값이 더 떨어질까 무서워 마음을 접었나요? 종잣돈이 있지만 괜히 투자를 하면 날려버릴까 싶어 은행에 저축해두었나요?

가족들과 한자리에 모여 이 모든 상황을 면밀하게 검토해보세요. 그리고 가족들의 자금조달계획서를 작성해보세요. 아마도 계획서를 작성하기 전에 자본주의 경제에 반론부터 제기하고 싶은 마음이 들 것입니다. 아니면 살던 대로 계속 살고 싶다는 생각이 들 것입니다.

그런 생각들로 인해 당신의 가정에 부가 쌓이지 않는 것입니다. 무엇이 진짜 자신을 망가뜨리고 있는지, 불편한 진실을 잘 해석해야 합니다.

돈의 다른 말은 '욕망'입니다. 돈은 경제학 교과서이자, 자본주의 경제의 재료입니다. 아이들에게 전래동화를 읽어주기 전에 은행이 왜 생겼는지 등과 같은 경제 기초를 학습시켜야 합니다. 돈은 하늘에서 떨어지지도, 땅에서 솟지도 않습니다. 돈의 힘과 무서움을 알 필요가 있습니다. 많은 경우, 돈에 목숨이 달려 있습니다.

: 은행 밖에서 어떻게 시스템을 만들 것인가

돈이란 내일의 1억 원보다 오늘의 1천만 원이 더 중요합니다. 돈이 많이 풀려 돈의 가치가 폭락할 것을 대비하려면, 즉 인플레이션에 대비하려면, 미래의 1억 원보다 오늘의 1천만 원이 더 중요하고, 그것이 밑천이 됩니다. 그래서 어릴 때부터 1천만 원으로 1억 원을 만드는 경제학을 배워야 합니다.

독일 슐리츠 부인의 유명한 일화가 있죠. 제1차 세계대전 때 남편을 잃은 슐리츠 부인은 그동안 모은 80만 마르크를 은행에 맡기고 스위스로 피신했습니다. 그리고 4년 후에 귀국했죠. 그녀의 집에는 은행에서 보낸 세 통의 편지가 도착해 있었습니다.

- **첫 번째 편지:** 마르크화의 가치가 급속하게 떨어지고 있으니, 다른 자산으로 바꾸세요.
- **두 번째 편지:** 당신의 예금이 너무 적어 맡겨줄 수 없으니, 빨리 찾아가세요.
- **세 번째 편지:** 연락이 닿지 않아 계좌를 폐쇄합니다. 잔액은 소액 화폐가 없어 지폐 대신 우표 한 장을 동봉합니다.

부자엄마 투자수업

전쟁 인플레이션이 화폐 단위를 완전히 붕괴시킨 것입니다. 너무 극단적인 예라고 생각하시나요? 요즘 AI의 등장으로 뭔가 깨달은 것이 없나요?

그동안 제가 힘들게 발품을 팔아 알아낸 것들을 제 딸은 빅데이터를 통해 30분 만에 분석해내더군요. 투자 리스크와 투자한 아파트의 가격 상한선까지 말입니다.

다음 세대는 우리보다 몇 백 배는 더 똑똑할 것입니다. 세상을 움직이는 것은 이런 힘이죠. AI 분석으로 앞으로 부동산 투자 시장은 완전히 판이 바뀔 것입니다(물론 지금 우리 개인은 발품을 팔아가며 잘 알아보고 투자해야 합니다).

이제 우리가 살아가는 길은 다음 세 가지 중 하나인 듯합니다.

- 기계를 움직일 수 있는가?
- 기계가 시키는 일을 할 것인가?
- 기계를 살 수 있는 돈이 있는가?

기계를 움직일 수 없다면, 기계가 시키는 일을 하며 살아야 할 것 같다면 기계를 살 수 있는 돈이라도 마련해야 합니다. 지금이야말로 돈이 어디에서 와서 어디로 가는지 하나하나 공부해야 할 때입니다.

아무도 당신이 부자가 되도록 나서서 돕지 않습니다. 시대에 뒤떨어지지 않고 싶다면 자본주의 경제 시스템에 관한 부정적 시각을 버리고, 가급적이면 일찍 경제 공부를 시작해야 합니다.

경기가 좋아져도, 경기가 나빠져도 돈이 필요합니다. 세상 모든 사람은 죽기 전까지 벌고 소비하며 살게 되어 있습니다. 인간과 돈은 떼려야 뗄 수 없는 존재입니다.

아무리 경제가 어려워도 부자는 굳건합니다. 부자들은 늘 돈이 어디로 흘러가는지 관심을 가지고 연구하고 공부합니다. 1997년 IMF 외환위기와 2008년 서브프라임 모기지 사태를 생각해봅시다. 그 당시 돈이 제대로 돌지 않아 경제성장률이 큰 폭으로 하락했죠. 하지만 어떻게든 다시 회복되는 게 경제입니다. 부자들은 그 시국에도 변함없이 돈을 벌었습니다.

확실한 투자 전략을 세운 사람들은 돈을 움직일 수 있는 열쇠를 가지게 됩니다. 그들은 시장에서 배웁니다. 돈이 어디에서 어디로 이동하는지 직접 눈으로 관찰하죠. 또한 돈을 들여 부동산, 채권, 주식, 금 등의 상품이 어떻게 경제성장률과 소비자 물가에 영향을 미치는지, 자산이 어떤 경로로 바뀌어 경제가 움직이는지 등을 배웁니다.

부자들은 지식을 가지고 실전에서 활동하며 깨닫습니다. 인간의 돈에 대한 욕망, 인간 본성을 바라보는 그 안목은 결국 돈을 빠른 시간 내에 커지게 만들 수 있습니다.

앞서 이야기했듯, 저축으로 돈을 버는 시대는 끝났습니다. 다른 방법으로 돈을 굴려야 합니다. 잠을 자고 있어도, 여행을 하고 있어도, 취미 생활을 즐기고 있어도 돈이 자동으로 꼬박꼬박 벌어지는 시스템을 만들어야 합니다.

이런 준비를 하고 있지 않다면 오래 사는 것은 재앙일 뿐입니다. 원래 가지고 있는 재산이 많다 해도 곳간에서 곶감을 빼 먹는 데는 분명 한계가 있습니다. 오래 사는 것이 축복이 되게 하려면 일하지 않아도 돈이 벌리는 생존 전략을 짜야 합니다.

: 투자, 월급쟁이 마인드로는 위험하다

부동산 투자를 한 뒤 실패하면 경험이라도 쌓입니다. 경험은 자산이 되죠. 그러나 마인드부터 잘못된 경우가 많습니다. '남들이 하니 나도 공부해서 돈 좀 벌어볼까?' 하는 월급쟁이 마인드는 위험합니다.

제가 진행하는 부자 수업에 일주일에 2시간, 한 달에 8시간, 1년에 12개월 참여한다고 생각해봅시다. 총 96시간이 소요됩니다. 이를 24시간으로 나누면 4일입니다. 다시 말해, 1년 동안 공부한다고 해봤자 4일 공부하는 것입니다. 초등학교, 중학교, 고등학교 공부가 12년인데, 겨우 4일이라니! 그 시간으로 충분할까요?

많은 사람이 짧게 배우고 많은 것을 알고 싶어 합니다. 물론 이론은 짧게 배울 수 있습니다. 하지만 투자는 현장에서 직접 경험해보며 엄청나게 배워야 합니다. 어떤 문제에 봉착했을 때 풀어나갈 수 있는 능력은 경험을 통해 쌓을 수밖에 없습니다. 타고난 능력과 머리로만 승부할 수 없는 분야가 바로 부동산입니다.

부자엄마가 되려면 마인드부터 달라야 합니다. 정박된 배는 항구를 떠나야 하고, 엄마는 험난한 파도를 이기는 선장이 되어야 합니다. 언제나 저 바다 너머 대륙을 볼 수 있어야 하죠.

쉽게 생각해서는 안 됩니다. 선장은 바다(인생)가 평탄치 않다는 사실을 잘 알고 있습니다. 속상한 일이 자주 생기고, 늘 두려움이 동반하며, 스트레스가 만성피로처럼 따라다닐 겁니다. 상상을 초월하는 걱정거리에 휩싸일지도 모릅니다. 이러한 것들을 모두 감내한다 해도 부를 얻기란 참 어렵습니다.

명성이나 부를 얻을 수 있는 마법 같은 일이 벌어질 거라 상상한다면, 이 한마디를 해주고 싶습니다.

"오히려 지금 삶이 행복할지도 모릅니다."

투자자는 바다로 나가는 배의 선장이라 했습니다. 선장은 바다에서 내려야 하는 판단을 결코 타인에게 맡기지 않습니다. 또한 어떤 리스크도 타인에게 떠넘기지 않습니다.

부동산 투자를 할 때 자기 중심을 제대로 잡지 못해 누군가에게 묻고 흔들리지 마세요. 자신이 배우고, 익히고, 능력을 쌓고, 경험해야 할 일을 배우자, 친구, 직장 동료에게 물어 판단을 흐리지 마세요.

투자는 외로움과의 싸움입니다. 아무리 외로워도 투자자끼리는 정보를 공유하지 않습니다. 그리고 심장이 약하다면 투자를 해서는 안 됩니다. 롤러코스터를 타는 일이 수도 없이 생기기 때문이죠. 그렇기 때문에 누군가에 의한 투자는 더더욱 해서는 안 됩니다.

발품을 아무리 팔아도 구경만 해서는 경험이 쌓이지 않습니다. 부동산은 학교 공부와 다릅니다. 이론이 아닌 실전이 중요하죠. 저는 예전부터 포커스를 다양화해 투자했습니다. 젊을 때는 빚을 갚는 용도로 월세 수익형을 선호했고, 나이가 더 들어 근로소득이 없을 때를 대비해 부동산을 공격적으로 많이 사두는 것이 좋겠다고 생각했습니다.

저는 이렇게 판단하고 처음부터 투자의 양을 늘려갔습니다. 그래서 수익으로 들어오는 월세는 빚을 갚는 용도 외에는 무조건 다른 부동산을 사기 위한 종잣돈으로 썼고, 공격적인 투자를 했습니다.

돌아보면 너무 일찍 시작해 깊이는 없었지만, 참 많은 종류의 물건에 투자를 해보았습니다. 저는 그러한 경험 속에서 생생하게 배웠습니다.

어린아이들에게 자연을 가르치려면 어떤 방법이 가장 좋을까요? 좋은 식물도감을 보여주기보다는 산으로, 바다로 다니며 직접 눈으로 보게 하는 것이 좋지 않을까요?

- 언제 살까요? → 타이밍
- 어디에 살까요? → 스페이스
- 언제 오를까요? → 스피드

이 세 가지는 천성적으로 게으른 사람들은 알 수 없습니다. 부동산 현장을 뻔질나게 돌아다니고 스스로 직접 투자해보아야 알 수 있습니다. 수익은 반드시 자신이 결정한 것에 따라 좌우됩니다.

월급을 받은 만큼만 일하는 자세, 무엇이든 쉽게 하려는 태도는 버려야 합니다. 투자는 무조건 자신의 돈과 피와 땀으로 해야 합니다.

: 부자엄마는 24시간 돈과 일을 연결시킨다

저는 돈과 일은 습관 교육이라고 생각합니다. 출퇴근하며 누군가가 시키는 일만 해서는 절대 많은 돈을 벌 수 없습니다. 돈을 벌지 못하면 부동산 투자도 할 수 없고, 그렇게 되면 죽을 때까지 일하며 돈을 벌어야 합니다. 계속해서 가난 속에서 살아야 하죠.

저도 한때는 다른 사람들과 마찬가지로 '돈은 일해서 버는 것'이라는 틀에 박힌 생각을 했습니다. 그게 잘못된 생각이었다는 것을 서른이 되어서야 깨달았죠. 그 후 저는 직장을 그만두었고, 돈 버는 일과 제가 좋아하는 일을 겸했습니다. 직장을 그만두어야 진짜 돈을 벌 수 있더군요. 저는 그러한 사실을 서른에 깨달았지만, 여러분은 더 일찍 깨닫길 바랍니다.

저는 투자 경험이 10년 정도 쌓였을 때 직장을 그만두면서 제 자신에게 미션을 던져주었습니다.

- 교육을 받아라. (성과를 내고 싶은 분야에 대해 공부해야 한다. 내 경우에는 부동산!)
- 투자를 하라. (종과 노예로 살고 싶지 않다면!)
- 죽도록 배워라. (돈은 지키는 것이 중요하다!)

중요한 것은 직장을 그만두는 일 자체가 아니라 돈과 일을 계속 연결시켜야 한다는 것입니다. 공부 따로, 돈 되는 일 따로, 월급 받는 일 따로가 아니라 이 모든 걸 엮어 돈과 일과 시간을 모두 부자가 되기 위해 사용해야 합니다. 제 행동 강령은 이렇게 정리되었습니다.

- 원하는 분야의 투자자가 되어라.
- 지금 돈을 굴려라.
- 남의 머리를 빌려 써라.

많은 사람이 자신의 재산을 직장에서 받는 월급으로 한정해 생각합니다. 이는 잘못된 생각입니다. 새로운 부자 습관을 들여야 합니다.

돈에 대해 배우고, 돈을 굴리는 일 자체가 부자엄마의 일상입니다. 여러분이 이 책을 접했다면, 앞으로는 자신보다 어리석지 않고 현명한 진짜 부자를 만나야 합니다.

전문가들에게 돈의 흐름에 대해 배우고, 부자들에게 지혜를 얻으면 엄청난 보상이 따릅니다. 리스크를 줄일 수 있기 때문이죠. 돈과 일과 시간을 제대로 연결시키지 않는다면 계속해서 가난한 엄마로 살아야 합니다.

: 삶의 단계마다 점검이 필요하다

지난 10년 동안의 카드 내역서를 굳이 꺼내 살펴본 적이 있나요? 10년 동안 여러분은 어디에 가장 많은 돈을 지불했나요? 책을 사는 데? 명품을 사는 데? 여행하는 데? 먹고사는 데?

반대로 돈을 잘 아꼈다면 어디에서 가장 많은 돈을 아꼈나요? 먹고 싶은 것도 참고, 입고 싶은 것도 참으며 돈을 아꼈나요? 그렇다면 그렇게 아낀 돈으로 무엇을 이루었나요? 남들이 무언가를 애써 이룬 시간에 여러분은 그 돈으로 무엇을 했나요?

지난 10년 동안의 카드 내역서와 일기를 꺼내 추적해보기 바랍니다. 부자가 되려면 이 정도의 자기반성은 있어야 합니다. 제 질문에 두루뭉술한 변명만 하고 있는 자신을 발견할지도 모릅니다. 여러분을 질책하기 위함이 아니니 솔직하게 답해야 합니다. 상황을 정확하게 보아야 무엇을 어떻게 할지 알 수 있습니다.

지난 10년 동안 책장이 아닌 냉장고를 채우기 위해 서점보다

마트를 더 자주 다녔나요? 친구나 아이의 친구 엄마들과 수다를 떨기 위해 서점보다 커피숍을 더 많이 다녔나요? 여러분이 가장 많이 간 곳이 미술관인가요, 음악회인가요, 회식 자리인가요, 동네 커피숍인가요? 또 누구를 가장 많이, 오래 만났나요? 친구인가요, 직장 동료인가요, 아니면 스승이나 멘토인가요? 인생을 어떻게 살고 있는지는 시간과 돈을 어디에 썼는지, 누구를 만났는지를 보면 알 수 있습니다.

잘 살아가려면 이처럼 삶의 단계마다 점검이 필요합니다. 과거를 보면 미래가 보이고, 어제를 알면 오늘 할 일이 보입니다. 사람은 계획만 가지고는 원하는 것을 이룰 수 없습니다. 계획이 미래를 보는 일이라면, 그에 앞서 과거의 자신을 되돌아보아야 합니다.

- 10년 동안 가장 많이 만난 사람은?
- 10년 동안 가장 많은 돈을 지출한 곳은?
- 10년 동안 가장 많은 시간을 쓴 곳은?

이 세 가지가 당신의 미래를 만듭니다. 10년에 한 번씩은 이러한 점검을 할 필요가 있습니다.

꿈, 성공, 명예, 그리고 부. 그 어떤 것도 빼놓지 말고 준비해야 합니다. 가족, 친구, 직장 동료, 상사, 사업 파트너 등과의 관계를 생각해보고, 과거를 돌아본 후 미래를 계획해야 합니다.

요즘은 건물주가 꿈이라고 하는 아이들이 많습니다. 자유로운 자본주의 현실 안에서 많은 사람과 부에 대해 솔직하게 터놓을 수 있어야 합니다. 물론, 자신의 형편을 제대로 파악하고 그에 맞는 미래를 준비해야겠죠?

: 10년 전과 바뀐 게 없다면 잘못 산 것이다

10년 전 제 인생의 화두는 '격차'였습니다. 자녀 교육의 격차가 너무 불만이어서 그 격차를 해결하는 데 인생을 걸기로 했습니다. 당시 저는 교육 격차는 경제적 격차를 말하고, 경제적 격차는 부동산 격차에서 비롯된다고 판단했습니다.

그때나 지금이나 사람들은 미래를 준비하며 산다고 말합니다. 그러나 방향을 잘못 잡으면 삶은 더 가난해집니다. 현재를 살아가는 많은 사람이 조물주를 꿈꿉니다. '조물주 위에 건물주'라는 말이 있을 정도죠. 그런데 꿈꾼다고 해서 아무나, 빨리 이룰 수는 없습니다. 건물주가 되고자 한다면 적어도 30년 프로젝트가 필요하고, 10년마다 그 세부 목표도 바뀌어야 합니다.

다행인 것은 부는 한 번 탄력받으면 재빠르게 커진다는 사실입니다. (가난은 한 번 빠지면 쉽게 헤어나올 수 없는데 말이죠!) 오늘 담배를 피우는 사람은 대부분 몇 개월 전에도 담배를 피웠을 것이고, 오늘 술을 마시는 사람은 대부분 작년에도 술을 마셨을 것입니다. 마찬가지로 오늘 집을 사지 못한 사람은 10년 전에도 무주택자였을 것입니다. 이는 냉정한 분석입니다.

10년 전에 가난했던 사람은 빚내는 게 두려워 부동산을 사지 못했습니다. 은행에 담보 잡을 물건이 없으니 대출도 받지 못했죠. 그런데 부자는 과거에 사놓은 부동산이 올라 은행이 부동산을 담보로 대출을 못해줘서 안달입니다.

이 짧은 문장에 답이 있습니다. 가난한 사람은 대출도, 이자도 부정적으로 생각하지만 부자는 긍정적으로 생각합니다. 그것이 삶의 격차를 만들어냅니다. 제가 만난 다수의 부자는 대출을 활용했습니다. 10년 뒤에 가난하게 살고 싶지 않아서 말이죠.

제가 강조하고 싶은 것이 여기에 있습니다. 10년 전을 돌아보세요. 당신은 무엇을 하고 있었나요? 건물주가 되기 위한 발판을 다졌나요? 아니면 그 당시의 행복을 누리느라 미래는 생각조차 하지 못했나요?

부자들은 은행에서 돈을 빌리고, 대출금은 세입자가 갚게 합니다. 냉정하게 말하면 가난한 사람이 가난한 이유, 부자인 사람이 부자인 이유가 여기에 있습니다. 평범한 사람들은 그런 기회조차 보지 않으려 합니다.

당신은 돈을 벌면 무엇을 하나요?

– 빚부터 갚는다.
– 한 달 벌어 한 달 쓰고 나면 남는 게 없다.
– 꼬박꼬박 저축해 여행 경비로 사용한다.

- 품위유지비로 지출한다.
- 30~50%는 무조건 저축한다.
- 100% 저축하고 짠돌이로 산다.

사실 이와 같이 살면 10년 뒤 미래는 없습니다. 변화하지 못한 것도 죄입니다. 변화가 없다는 것 자체가 무섭다는 사실을 알아야 합니다. 자신의 영역이 커지느냐, 줄어드느냐는 모두 자기 노력이고 선택입니다.

가난하게 태어나 가난하게 살다 가난하게 죽을 것인가요? 가난하게 태어나 부자로 살다 부자로 죽을 것인가요? 부자로 태어나 부자로 살다 부자로 죽을 것인가요? 부자로 태어나 가난하게 살다 가난하게 죽을 것인가요? 우리는 이 중 한 가지를 선택해 살고 있습니다.

10년 전에도 살림살이가 넉넉하지 못했는데, 지금도 그렇다면 정말 큰일입니다. 10년 뒤에 지금보다 더 바쁘게 살 확률이 큽니다. 이 세상에서 변하지 않는 한 가지 진리는, 세상은 변한다는 것입니다.

10년 뒤에 지금과는 다른 인생을 살고자 한다면 스스로 바꿔야 합니다. 움켜쥔 주먹을 펴야 합니다. 그래야 더 많은 것을 집을 수 있습니다.

요즘 세상에 신데렐라는 없습니다. 드라마에 나오는 이야기는

부자엄마 투자수업

현실에서 찾아볼 수 없습니다. 그것을 흉내 내거나 꿈꾸어서는 안 됩니다. 돈이 없는 사람은 돈만 없지만, 마인드가 가난한 사람은 아무것도 없습니다.

지금 무엇에 정신이 팔려 있나요? 그것이 여러분의 미래를 만들고 있다는 사실을 늘 기억해야 합니다.

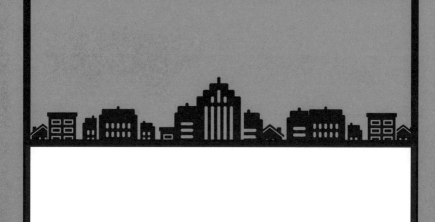

2장

부자엄마의
지지 않는
부동산 투자법

적절한 입지에 투자해놓은 부동산은 잠자고 있는 동안에도, 해외에 놀러가
있는 동안에도, 쉬는 동안에도 돈을 벌고 있습니다. 하루에 몇 백만 원, 한
달에 몇 천만 원씩 말이죠. 지금은 죽도록 일하면 더 가난해지는 시대입니
다. 변하지 않으면 우리는 더 가난해질 것입니다.

1

어렵지만 매력적인
부동산 투자

지금 여러분이 하고 있는 최고의 실수는 부동산에 관심을 갖지 않는 것입니다. 지금 여러분이 하고 있는 최악의 선택은 부동산 투자를 포기하는 것입니다. 지금 여러분이 할 수 있는 최선의 선택은 더 늦기 전에 노후 준비를 하는 것입니다. 지금 여러분이 움켜쥔 최고의 행운은 이 글을 읽고 있다는 사실입니다.

: 잃지 않으면 성공한다

부동산 투자는 사실 확실한 것이 없습니다. 가격이 상승할 것인지, 하락할 것인지는 신도 모릅니다. 그 누구도 예측하기 어려운 게 자본 시장이죠.

그런데 변하지 않는 진실이 있습니다. 일제 강점기에 태어난 우리의 어르신들도, 6·25 동란에 태어난 우리의 부모님들도, 386 세대 베이비부머 은퇴자들도, IMF를 경험한 우리의 동시대 친구들도, 88만 원 세대라 불린 우리의 후배들도 이제는 모두 건물주를 꿈꾼다는 사실입니다.

사람이 태어나 배우고, 취업하고, 결혼하고, 자식을 키우고, 내 집을 마련하고, 창업하고, 노부모를 부양하고, 그 밖의 일들을 하려면 반드시 투자처가 필요합니다.

만약 여러분에게 3억 원이 생긴다면 무얼 하시겠습니까? 잠시 눈을 감고 생각해봅시다.

– 치킨 가게를 차린다.
– 저축한다.
– 부동산 투자를 한다.

흥할지도, 망할지도 모를 가게 사장님이 될 것인지, 은행에 저축해놓고 돈의 가치가 떨어지는 상황을 지켜만 볼 것인지, 똑똑하게 투자해 월세를 받는 시스템을 만들 것인지는 여러분의 판단에 달려 있습니다. 충분히 고민해보시기 바랍니다.

장사를 해서 대박이 나지 않으면 종잣돈이 고스란히 사라집니다. 저축을 하면 줄곧 이야기했듯 돈의 가치가 점점 떨어집니다.

상황이 이런데도 부동산 투자를 몰라서, 무섭고 두려워서 포기하실 건가요? 지금 당장 먹고살기 힘들어 정작 중요한 일은 계속해서 뒤로 미루실 건가요?

앞서 이야기했듯 지금 여러분이 하고 있는 최고의 실수와 최악의 선택은 부동산에 관심을 갖지 않고 부동산 투자를 포기하는 것입니다. 더 늦기 전에 생각을 전환할 필요가 있습니다.

여러분이 알고 있는 전문가들도 많은 실수를 경험했습니다. 많이 망해보고 많이 잃어본 사람이 전문가가 될 자격이 있죠. 저 또한 그랬습니다. 다른 사람의 말만 믿고 투자했다가 여러 날을 눈물로 지새운 적도 있고, 공부의 깊이가 없는 상태에서 덤볐다가 낭패를 본 적도 있습니다. 세금을 잘못 낸 적도 많았죠. 이러한 과정을 거친 뒤 부동산 투자의 정석을 알게 되었습니다. 부동산은 전 재산을 들여야 할 정도로 덩어리가 큰 분야이기 때문에 반드시 지지 않는 투자를 해야 한다는 사실을 말입니다.

: 사람들이 모르는 부동산 투자 상식

부동산 투자에 대해 공부하기 전에 알아두어야 할 상식들이 있습니다. 의외로 많은 사람이 헷갈려하는 것들이니 천천히 잘 읽어보시기 바랍니다.

1 / 실수요와 실거주는 다르다

많은 사람이 부동산 투자는 자신과 상관없는 분야라고 생각합니다. 그래서 주변 정보에 쉽게 흔들리거나 아예 무관심합니다. 대부분 아파트에 거주하면서 월급 수입으로 먹고삽니다. 이때 아파트는 투자용이라고 생각하기 쉽지만, 거기에는 내가 사는 비용이 포함되어 있습니다.

돈을 벌기 위한 실수요와 실거주는 다릅니다. 실거주는 아파트에 살면서 드는 렌탈료가 추가되니까요. 저는 부동산을 '엉덩이에 깔지 말라'라는 말로 정리합니다. 투자용 부동산을 생각한다면 실거주는 해당되지 않습니다.

2 / 가격을 결정하는 것은 수요가 아니다

아파트에 관한 뉴스를 보다 보면 '수요'와 '공급'이라는 단어가 자주 등장합니다. 혹시 롯데월드타워에 올라가 서울 아파트 가구 수를 세어보신 적이 있나요? 그런 사람은 존재하지 않을 것입니다.

가구 수를 무조건 수치화해 이해하기 어려운 것이 부동산 시장입니다. 그런데 수요와 공급이라는 단어가 나오는 뉴스를 보며 솔깃해하는 사람이 많습니다. 자본주의 부동산은 희소성에 의해 평가된다는 것을 항상 기억해야 합니다.

강남 집값 상승은 전체 수요와 공급을 맞춘다고 해서 해결할 수 있는 것이 아닙니다. 많은 사람이 희소성 있고 매력적인 강남을 원하기 때문이죠.

부자엄마 투자수업

3 / 정책이 이길까, 시장이 이길까?

1995년에 지방자치법이 생기면서 어떻게 되었나요? 각 행정 도시마다 랜드마크를 지어 가격 상승을 견인했고, 과세표준액을 올려 세금을 많이 걷으려 했습니다. 사실 도시는 그런 사이클로 유지됩니다.

부동산은 반드시 전국을 무대로 봐야 합니다. 도시 브랜드를 무시할 수 없기 때문이죠. 서울이라고 해서 다 비싼 것도 아닙니다. 지방 6대 광역시 최고가 부동산은 지역 개발이 커질수록 서울 외곽보다 더 빠르게 가격이 오릅니다.

아무리 경기가 어렵다 해도 전국의 부동산 시장을 보면 여전히 활기를 띠거나 꿈틀거리는 곳이 있습니다. 영원히 풀 수 없는 숙제가 바로 부동산 시장과 정책이라지만 방법은 다 있는 거겠죠? 투자자인 제 생각은 그렇습니다.

4 / 서울 부동산 가격은 무조건 오를까?

부동산은 시간과 돈, 정보의 싸움입니다. 아파트 투자의 가장 큰 장점은 환금성입니다. 따라서 가격이 오를 만하고, 잘 팔릴 만한 곳의 아파트를 사야 합니다. 단순히 서울이라는 이유만으로 무턱대고 투자해서는 안 된다는 이야기입니다. 아파트 가격은 산업 인프라와 도시 인구, 토지밀도에 비례해 오릅니다.

투자에 '달걀프라이 법칙'이라는 것이 있습니다. 노른자처럼 늦게 익고, 늦게 식는 지역에 투자해야 한다는 의미입니다. 수십

채의 아파트에 투자하는 것이 무조건 좋은 게 아니라, 한 채라도 최상의 입지에 있는 아파트를 가지면 되는 것이죠. 아파트뿐만이 아닙니다. 상가와 땅의 속성도 이와 같습니다.

다음 요소들을 종합적으로 판단해보아야 오를 만한 지역을 알 수 있습니다. 무조건 'in 서울'이 답이라고 결론을 지어서는 안 됩니다.

- 교통
- 교육
- 근생
- 유통
- 환경

- 뷰(전망)
- 문화
- 대형 평형 비율
- 연령층
- 개발 방향
- 희소성

5 / 투자용 부동산을 고르는 절대 기준은 무엇일까?

• 교통

돈을 벌어줄 부동산을 고르는 첫 번째 기준은 누가 뭐라 해도 교통입니다. 실거주용은 자신만의 기준(저렴한 가격, 뷰 등)을 가져도 괜찮지만, 투자용이라면 언제나 첫 번째로 교통을 생각해야 합니다.

- 교육

두 번째는 교육입니다. 많은 학생이 학교는 거주지 인근에서 다니더라도 학원은 강남으로 다닙니다. 그러니 학원가에 있는 아파트 가격이 비싸죠. 어느 지역이든 좋은 학원이 몰려 있는 곳에 투자하면 실패하지 않습니다.

- 안전성

경기가 나빠질 것이 눈에 보이면 안전한 곳에 투자하는 것이 좋습니다. 월세 수입을 생각하지 말고, 공실이 나더라도 캐피털 게인capital gain(투자한 원자본의 가격 상승에 의한 이익)이 올라갈 곳을 사는 것이 투자의 기본입니다.

6 / 투자 시기는 언제가 좋을까?

돌아보니 제가 마흔 살 전에 한 투자는 다른 사람들의 의견이 많이 반영되었더군요. 30대는 순수하기도 하고, 부동산을 바라보는 폭과 깊이에 한계가 있습니다. 제가 생각하기에 다른 사람의 말을 걸러 들을 수 있는 나이는 불혹입니다.

물론 안전한 투자는 최대한 빨리 하는 것이 좋습니다. 그러나 전 재산을 들여 공격적으로 하는 투자는 무조건 빨리하기보다는 세상의 이치를 이해하고 자신의 소신이 생겼을 때 하는 것이 바람직합니다.

다른 사람들의 성공 스토리에 귀가 얇아져서는 안 됩니다. 젊은 나이에 운 좋게 한 번 성공을 맛보면 간이 커져 도박을 하는 사람처럼 여기저기에 투자하며 이성을 잃기 쉽습니다.

7 / 투자 실패가 두렵다면 어떻게 해야 할까?

투자를 해보기도 전에 실패할까 두려워 투자를 꿈도 꾸지 못하는 사람이 많습니다. 투자는 힘들고 귀찮아도 스스로 공부해서 하는 것이 답입니다. '카더라'는 절대 NO!

제대로 공부하지 않은 상태에서 누군가의 추천으로 투자를 했다고 생각해봅시다. 그런데 그 물건이 한참 팔리지 않아 속을 썩이면 마음이 많이 아플 것입니다. 그렇다고 해서 추천해준 사람을 원망할 수도 없습니다.

투자를 하고 싶다면 우선 물건 보는 눈을 키워야 합니다. 그러기도 전에 빨리 돈을 벌고 싶은 마음에 욕심을 부리면 기획부동산에 걸려 전 재산을 넣고 피 말리는 하루하루를 보낼 수도 있습니다. 차라리 부동산 투자를 모르고 평범하게 사는 게 나을 수도 있죠.

그동안 잘못된 투자로 가정이 깨지는 경우를 많이 봐왔습니다. 부동산은 덩어리가 크기 때문에 흥해도 크게 흥하고, 망해도 크게 망합니다. 그런데 오르내리는 돈이 드러나지 않으니 마치 가상화폐 같아 현실감이 조금 떨어지죠. 그러다 보니 자신이 투자한 물건이 갑자기 많이 오르면 대책없이 대담해집니다. 직장에서 받는 월급이 300만 원인데, 1년 만에 집값이 1억 원 올랐다면 월급이 시시하게 느껴져 직장에 사표를 던져버립니다.

이런 상태로 직장을 그만두면 어떻게 될까요? 사고를 치기 쉽습니다. 불경기일수록 직장은 투자 엔진입니다. 투자에 대해 제대로, 많이 공부할 때까지는 직장을 쉽게 버려선 안 됩니다. 혹시 잘못된 투자를 하더라도 직장이 있다면 리스크를 방어할 수 있으니까요.

산전수전 다 겪은 제가 말하는 투자의 정석은 '잃지 않는 투자'입니다. 자기 스스로가 피땀 흘려 공부해야 잃지 않습니다.

2

종류별 부동산 투자의 키포인트

부동산은 크게 아파트, 상가, 땅으로 나뉘지만, 다 같다고 보면 됩니다. 인컴 게인income gain(투자한 주식이나 공사채에서 얻어지는 배당 또는 이자 수입)과 캐피탈 게인이 둘 다 잘되는 상품은 찾기 힘듭니다. 그리고 종류별 부동산 투자의 기본 원칙은 시간이 흘러도 변하지 않습니다.

: 아파트 투자, 어떻게 해야 할까?

아파트 투자 경험은 많지만, 아이들이 어렸을 때 한 세 번의 아파트 투자만 짚어보겠습니다. 워낙 투자를 일찍 시작해 시간으로 따지면 예전 이야기이지만, 지금도 여전히 통하는 이야기이니, 투자 초보자들은 참고하기 바랍니다.

1 / 투자 열기 과잉 시절, 필이 꽂힌 아파트

2003년은 부동산 버블이라는 말이 나올 정도로 투자 열기가 뜨거웠습니다. 많은 전문가가 지금은 투자하지 말고 관망하라고 권했죠. 하지만 저는 그때 아파트 투자에 열중해 있었습니다. 마침 부동산을 구입하느라 진 빚을 다 갚고 종잣돈이 어느 정도 모인 시점이었습니다. 종잣돈을 은행에 묵혀두는 것은 손해라는 생각이 들었습니다.

10년 정도 부동산 공부를 했고, 다가구주택 투자와 상가 투자는 해본 뒤였습니다. 부동산 투자 초보자들이 도전하기 쉬운 종목이 아파트인데, 전 늦게 관심을 가진 편이었죠. 땅 투자는 자신이 없었고, 아파트에 투자하면 딱 좋겠다 싶었습니다. 주변에서는 잠자코 있어야 할 상황이라고 했지만, 저는 만류를 뿌리치고 실거주용이 아닌 월세 수익을 낼 수 있는 임대 목적의 아파트에 투자하기로 결정했습니다.

그런 결정을 내린 이유는 무엇이었을까요? 투기가 아닌 투자이기 때문에 주변 상황에 휘둘릴 필요가 없다고 생각했습니다. 투자를 할 때는 물건에 대해 공부하고, 발품 팔아 살펴보고, 확신이 들면 자기 직감을 믿어야 하죠.

오르는 조건을 갖춘 아파트라면 경기 상황이나 부동산 정책

변화 등과 관계없이 절대로 값이 떨어지지 않고 꾸준히 오른다는 게 제 생각입니다. 그래서 많은 사람이 투자 적기가 언제냐고 물으면 전 언제나 "남들이 뭐라 하든 내가 필요할 때!"라고 대답합니다.

처음에는 신규 분양 아파트를 노렸습니다. 부푼 기대감을 안고 대구의 월배지구 삼성래미안, 용산동 롯데캐슬, 수성 이편한세상 등에 신규 분양 신청을 했죠. 하지만 줄줄이 미끄러졌습니다. 청약통장이 없었기에 1순위 당첨이 힘들었습니다.

지금도 청약통장에 대해서는 말이 많지만, 좋은 조건의 분양 아파트가 나왔을 때 청약통장이 없으면 아예 신청조차 할 수 없습니다. 신규 아파트 분양을 신청하려면 청약통장은 반드시 준비하고 자격을 유지하는 것이 좋습니다.

그 후 저는 신규 분양 아파트를 포기하고 대단지 아파트, 역세권 아파트만 보러 다녔습니다. 실거주가 목적이 아니어서 임대 수요가 가장 많은 85m² 이하를 주로 살펴보았죠. 그러던 중 대구의 상인동 동서아파트 85m²짜리를 9,200만 원에 샀습니다. 그리고 곧바로 보증금 1천만 원, 월 55만 원에 임대했죠. 결국 저는 8,200만 원을 투자해 월 55만 원의 수익을 얻을 수 있었습니다.

제가 동서아파트를 선택한 첫 번째 이유는 세대수는 적었지만 주변에 여러 아파트가 한 울타리처럼 되어 있어 대단지 아파트와 다름없는 상태였기 때문입니다. 정책이 바뀌고 부동산 가격에 변동이 생겨도 1천 세대 이상인 대단지 아파트는 가격이 잘 떨어지지 않습니다. (요즘에는 역세권 나홀로 아파트도 배후에 3~4천 세대 아파트군이 형성되어 있으면 생활 편의성도 좋고 시세 차익을 기대할 수 있습니다.)

동서아파트를 선택한 두 번째 이유는 역세권이었기 때문입니다. 지하철역에서 도보 10분 거리에 위치해 있어 임대 수요도 많고, 월세도 상대적으로 높게 받을 수 있었습니다.

마지막으로 동서아파트를 선택한 세 번째 이유는 당시 제가 살고 있던 곳과 가까웠기 때문입니다. 거리가 가까워 관리하기가 매우 수월할 것이라 판단한 것이죠.

2 / 재건축 아파트와 미분양 아파트 투자

제가 두 번째로 투자한 아파트는 재건축 아파트였습니다. 먼 미래를 보고 투자 결정을 한 것이죠. 투자에 대해 공부하던 중 대구 상인동에 있는 우방청자아파트가 재건축될 것이라는 소식을 접하게 되었습니다.

계산해보니 이 아파트가 재건축되어 완공될 즈음에 큰아이가 대학에 들어갈 나이가 되더군요. 재건축 아파트 투자를 잘하면 훗날 아이의 학자금 마련은 물론이고, 임대 수익도 얻을 수 있겠다는 생각이 들었습니다. 결국 저는 85m²짜리를 1억 3천만 원에 사서 보증금 1천만 원, 월 55만 원에 임대했습니다.

재건축 아파트에 투자하려는 분들은 다음 다섯 가지만 기억하기 바랍니다.

- **대지지분이 높은 곳을 선택하라**

재건축으로 수익을 얻으려면 수요가 많은 지역이면서 대지지분이 높은 아파트가 좋습니다. 재건축 아파트는 평형이 아니라 대지지분으로 가치를 평가하기 때문에 대지지분이 클수록 추후 입주 시 추가 부담금이 적어 그만큼 수익이 높아집니다.

- **땅값이 비싼 지역을 선택하라**

교통, 환경, 학군 등의 입지 여건이 뛰어나면 땅값이 비쌉니다. 비싼 땅에 세운 아파트는 시세가 높죠. 주변 시세가 높으면 일반 분양가를 높게 책정할 수 있고, 개발 이익이 많아져 추가 비용이 줄어듭니다. 입지가 좋으니 재개발이 끝난 뒤 가격이 상승하겠죠? 따라서 조금 무리해서라도 교통, 학군 등 입지 여건이 뛰어난 지역을 선택하는 것이 좋습니다.

- **총비용을 꼼꼼히 검토하라**

재건축 시장은 장기 투자입니다. 초기 금액이 너무 부담되면 오래 보유하기 어렵습니다. 괜한 소문에 빨리 선택해 허덕이지 말고, 투자 비용을 다른 곳에 넣었을 때 기대되는 수익, 이자 비용 등을 계산해보아야 합니다. 사업 기간이 길어지면 그만큼 금융 비용도 늘어나니까요.

- 남의 말에 의지하지 말고, 직접 판단하라

핑크빛 소문에만 의지해서는 절대 안 됩니다. 조합의 일방적인 이야기만 들어서도 곤란합니다. 사업 계획의 현실성, 주변 개발 호재, 정부 정책과 규제 등을 꼼꼼하게 분석한 뒤 결정해야 합니다.

- 가장 좋은 매입 시점을 파악하라

어떠한 부동산이든 가장 많은 이득을 볼 수 있는 시점에 매입해야 합니다. 재건축 아파트는 재건축 선정 직전이나 조합 설립 인가 직전에 매입해야 가장 큰 이익을 볼 수 있습니다. 그 후에는 지분 가격이 점점 오르고, 분양권에 대한 규제 등도 가격에 영향을 미치기 때문에 지역 정보를 잘 파악해두어야 합니다. 그래야 사업 지연이나 무산 시 리스크를 최소화할 수 있습니다.

제가 세 번째로 투자한 아파트는 미분양 아파트였습니다. 2003년에 둘째를 임신했을 때 만삭의 몸으로 아파트 계약서를 썼습니다. 분양 신청에서 여러 차례 떨어지니 속이 쓰려 더 이상 신청할 마음이 들지 않더군요. 그래서 기존 아파트 중에서 적당한 것을 골라보기로 결심했습니다.

그러던 중 우연히 월성동 코오롱하늘채 모델하우스에 들르게 되었습니다. 역세권이라 위치도 좋고 학군과 주변 환경도 괜찮았죠. 그런데 이 아파트가 미분양이라고 하는 게 아니겠어요? 너무 좋은 기회라 생각하고 그 자리에서 106m²짜리를 1억 9,700만 원에 바로 계약했습니다.

그렇게 2004년에 분양받아 2007년에 입주했습니다. 그때까지 우리 가족은 낡은 상가주택에서 살았습니다. 큰아이는 매일 아파트에서 살고 싶다고 노래를 불렀는데, 아파트를 분양받았다고 하니 펄펄 뛰며 좋아했습니다.

저는 그런 아이의 모습을 보며 속으로 이렇게 생각했죠.

'더 좋은 투자처가 생기면 아파트를 떠날 건데, 이런 엄마의 마음을 알면 얼마나 실망할까?'

아이에게는 미안했지만 어쩔 수 없었습니다. 제게는 '엉덩이에 현금을 깔고 앉아 있으면 안 된다'라는 투자자로서의 철칙이 있었으니까요.

세 아파트는 지금의 제 투자 기준으로 보면 수익률이 높지 않았습니다. 오히려 실패한 투자에 가깝죠. 그럼에도 여러분에게 제 이야기를 들려드린 이유는 여러분이 가진 돈으로 일찍 시작한 경험을 높이 사고 싶어서입니다.

만약 제가 그 시절로 다시 돌아간다면, 저는 좀 더 과감한 투자 (대출)를 통해 서울이나 대구 수성구에 과감하게 진입할 것입니다. 그렇게 한다면 훨씬 큰 수익률을 얻을 수 있겠죠?

3 / 왜 맨날 강남 아파트 가격 타령일까?

아파트 투자에 대해 공부할 때는 강남 아파트 소식에 늘 귀를

쫑긋 세우고 있어야 합니다. '강남은 나에게 너무 먼 곳이야. 해당 사항이 없어'라고 생각하고 계신 분들도 반드시 그래야 합니다.

왜 뉴스에서는 맨날 강남 아파트 가격 이야기를 할까요? 강남이 내가 사는 곳이랑 무슨 상관이 있다고? 세계의 중심 맨해튼의 땅값이 세계 아파트값의 지표가 되듯, 서울 강남의 땅값이 우리나라 주택값의 기준이 되기 때문입니다.

예전이나 지금이나 아파트값이 비싸다고 생각하면 살 수 없습니다. 저는 그래도 지금이 싸다고 생각합니다. 예를 들어 강남 아파트가 10억 원일 때도 사지 않았는데, 지금은 15억 원이라 사지 못하는 사람이 있다고 합시다. 그 아파트값이 계속 올라 30억 원이 되면 '에이, 15억 원 할 때도 안 샀는데!'라고 생각할 것입니다. 평생 과거의 값에 저당 잡혀 사는 것이죠.

4 / 강남 아파트, 더 오를까?

자신이 현재 살고 있는 아파트, 또는 앞으로 살 아파트의 가치를 따져보려면 강남 아파트 가격 추이를 살펴야 합니다. 그런데 앞으로도 강남은 불패일까요? 단도직입적으로 이야기하겠습니다. 강남 아파트는 가격이 떨어질 가능성이 적습니다. 이유는 이렇습니다.

• 저출산

아이를 적게 낳을수록 부모들은 교육에 목숨을 겁니다. 교육의 힘을 아는 엄마들은 좋은 학군, 좋은 학원을 찾아 움직입니다. 강남은 교육적으로 최적의 장소이죠.

- 저금리

엄마들의 욕망이 강렬하면 금리가 10%대라 하더라도 강남으로 진입하려는 발길을 막을 수 없습니다. 그런데 지금은 저금리 시대입니다!

- 은퇴자금

1958년 개띠, 베이비부머의 은퇴자금이 대거 쏟아지기 시작합니다. 그 당시 출생 인구는 75만 명 이상이라고 합니다.

- 토지 보상

GTX-A, B, C 같은 각종 개발 계획과 신도시 개발에 따른 보상비는 강남 부동산 투자 시장에 활력을 보탭니다.

- 3040세대의 사고방식

요즘 30~40대는 가처분소득보다 부동산 투자가 더 가치 있다는 사실을 잘 알고 있습니다.

- 집이 모자란 서울 강남 4구

학군 좋은 동네에 주택 공급이 부족합니다.

- 부동산 투자의 대중화

갭 투자를 열 차례 정도 해보고 부동산 책을 내는 사람도 있고, 실제 자신이 직접 투자자로 나서 승부를 보기보다 관련 정보만 알려주는 유튜버도 있습니다. 그들 덕분에 많은 사람이 부동산 투자 정보에 빠삭합니다. 거기에다 가족, 친지, 지인 중에 부동산 공인중개사가 꼭 한 명은 있습니다. 부동산 투자는 이제 주식 투자만큼이나 흔한 것이 되었습니다.

상황이 이러하니 투자에 나서는 사람이 얼마나 늘었겠습니까? 당연히 경쟁은 엄청나게 치열해졌습니다. 경쟁이 치열한 곳은 가격이 오를 수밖에 없습니다.

- 교통 혁명

SRT, KTX, GTX-A, B, C, 지하철, 그 외 노선(1~9호선, 분당선, 신분당선, 위례신사선/위례과천선, 김포골드라인, 우이신설선, 수인선, 경춘선, 경강선, 경의중앙선, 신안산선, 용인경전철선[에버라인], 의정부경전철선 등)이 뻗어나가는 걸 보십시오. 교통은 사람들을 서울로, 강남으로 실어 나르고 있습니다. 과거보다 더 빠르게요!

- 현금 유동성

현재 많은 돈이 갈 곳을 잃고 부동산으로 계속 유입되고 있습니다.

먼 훗날 이런 대화가 오갈지도 모릅니다.

"2021년엔 강남 아파트가 30억 원밖에 안 했어."

"아, 진짜?"

앞서 이야기했듯 언제나 부동산은 지금이 가장 쌉니다. 아파트의 경우, 서울 강남을 기점으로 1기, 1.5기, 2기, 2.5기, 3기, 3.5기, 4기 신도시로 뻗어나갈 것입니다. 위성 도시까지 계속해서 말이죠.

접근성은 교통 혁명으로 더욱 좋아질 것입니다. 신설 역이 계속해서 늘어날 것이고, 교통망은 촘촘한 거미줄처럼, 바둑판처럼 확충될 것입니다. 이에 따라 아파트는 계속 지어질 것이고, 건설회사는 아파트를 엄청나게 분양할 것입니다.

아파트 공급은 계속해서 늘어나는데, 대한민국 인구는 5천만 명에서 두 배로 늘어나기 힘들죠. 그래서 아파트는 앞으로 양극화가 진행될 수밖에 없습니다.

사람들은 몇 백 년의 시간이 흘러도 집을 포기하지 않을 것입니다. 무작정 아무 데나 투자하는 것이 위험하지, 강남 같은 좋은 곳은 가능성이 높습니다.

또 아파트만큼 부의 사다리 역할을 쉽게 해주는 상품도 없습니다. 단, 싸게 내놓아도 팔리지 않는 아파트라면 너무 무서운 투자처가 되겠죠?

5 / 여전히 아파트가 답일까?

부동산 불패 신화의 역군인 아파트는 환금성이 좋아 안전합니다. 아파트 분양가는 1960년대부터 지금까지 거꾸로 간 적 없이 꾸준히 올랐습니다.

아파트 갭 투자는 잘못하면 자살 투자, 잘하면 살자 투자입니다. 아파트를 몇 채 직접 사고팔아보면 어떤 아파트가 잘 팔릴 것인지, 어떤 아파트가 가격이 오르지 않을 것인지 감을 잡을 수 있습니다. 어설프게 아파트에 투자하면 패가망신할 수 있습니다. 하지만 한 채만 투자를 잘하면 평생 부자로 살 수 있습니다.

영화 〈강남 1970〉을 보면 강남 아파트값이 어떻게 상승했는지 살펴볼 수 있습니다. 그 시절 강남 땅값은 평당 5,000원 선으로 뛰었습니다. 평당 50~70원에 거래되던 1960년대와 비교하면 100배나 오른 것이죠. 그로부터 50년 뒤에는 5,000배 이상 상승했습니다.

1977년 삼익주택이 지은 여의도 목화아파트는 당시로서는 최고인 45대 1의 분양 경쟁률을 기록했고, 뒤이어 지은 화랑아파트는 70대 1의 분양 경쟁률을 기록했습니다. 당첨과 동시에 150~250만 원의 프리미엄을 기록했죠. 당시 화폐 고가가 1만 원(1973년 발행)인 것을 고려하면 어마어마한 돈입니다.

상황이 이렇게 흐르자 결국 1978년 8월 8일 '부동산 투기 억제 및 지가 안정을 위한 종합 대책', 이른바 '8·8조치'가 발표되었습니다.

다음은 그 당시에 있었던 조치 내용입니다. 이렇게 방침이 정해질 정도로 과거에도 부동산은 광풍이었습니다.

- 양도세 중과
- 투기 기관 세무 조사
- 투기 억제 지역 확대
- 부동산업자 세무 조사(공인중개사 명칭 전)
- 토지 공개념 도입

6 / 첫차면 어떻고, 막차면 어떤가

직장을 위해, 학업을 위해, 취업을 위해 많은 사람이 서울로 몰려들었습니다. 그들은 보통 몇 천만 원의 보증금과 월세를 내며 서울 생활을 하고 있죠. 계속해서 상황이 이러하면 앞으로도 서울 아파트값은 올라갈 것입니다. 정황을 보세요. 서울 인구가 줄어든 건 사람들이 서울이 싫어서 떠난 것이 아니라 집값이 싼 경기로 밀려났기 때문입니다.

제 부모님은 지방에서 59m²짜리 아파트를 마련하기까지 60년이 걸렸습니다. 웃프게도 서울의 59m²짜리 아파트 하나를 마련하는 데 걸리는 시간은 어떤 노동으로도 계산할 수 없습니다.

첫차면 어떻고, 막차면 어떤가요? 일단 시도하는 것이 중요합니다. 아직 저축하느라 못 사고, 대출을 다 받아도 못 사는 건 이해됩니다. 그런데 안 사는 건 왜일까요? 정책도 바뀌고, 정권도 바뀌고, 시대도 바뀝니다. 아파트 내 집 마련은 단순한 재테크 차원이 아니라 가정을 일구는 기초가 됩니다. 또한 생존 재테크용, 인플레이션 방어용으로 아파트 투자는 여전히 괜찮습니다.

아파트 투자 시 주의할 점

1. 절대 호갱이 되어서는 안 된다

많은 사람이 아파트에 쉽게 투자하는 이유는 감정 평가가 쉽기 때문입니다. 아파트는 정보가 오픈되어 있어 좋은 점도 있지만, 가치 대비 높은 호가의 물건은 가격 조작 위험성이 있습니다. 따라서 인터넷으로 시세를 평가해서는 안 됩니다. 미끼 매물, 호구 매물에 낚일 수도 있습니다. 싸다고 해서 무작정 투자해서는 안 됩니다.

2. 구입 목적을 명확히 하라

무엇보다 구입 목적을 명확히 해야 합니다. 실거주용인지, 임대 수익을 얻기 위함인지, 재건축을 노리는 것인지, 시세 차익을 노리는 것인지 등을 명확히 한 뒤 투자해야 합니다.

3. 청약통장을 만들어라

새 아파트를 분양받고 싶다면 미리 청약통장을 만들어놓고 그 자격을 계속 유지해나가야 합니다. 청약통장이 없으면 아예 분양 신청을 할 수 없는 곳이 대부분입니다.

4. 미분양 아파트도 괜찮다

청약가점제로 1순위 분양이 어렵다면 가점을 받기 위해 시간을 허비하지 말고, 미분양 아파트를 찾는 것도 좋은 방법입니다. 미분양이라고 해서 하자가 있는 것은 아니니 괜한 편견을 가질 필요는 없습니다.

5. 투자 가치를 잘 살펴라

주변 상권이 잘 형성되어 있고 편의시설이 갖추어진 곳, 임대 수요가 이어져 집값이 꾸준히 오르는 곳, 교통이 좋거나 좋아질 예정인 곳이라면 투자 가치가 있습니다.

6. 재개발·재건축은 장기전이다

재개발·재건축 물건은 멀리 내다봐야 합니다. 그동안 임대 수익을 올릴 수 있고, 대지지분이 높고, 땅값이 비싸 향후 일반 분양가가 높게 책정될 수 있는 곳이라면 실패율이 적습니다. 무엇보다 재건축 선정 직전이나 조합 설립 인가 직전에 매입하면 이익을 극대화할 수 있습니다. 이때 재건축 초과이익환수에 따른 추가 부담금을 예상해야 합니다.

7. 세대를 분리하라

30세 이상(생일 기준) 자녀는 부모와 세대를 분리하는 것이 좋습니다. 부동산 투자를 할 때 1가구 양도세 혜택 등을 통해 절세 효과를 볼 수 있습니다.

：상가 투자, 어떻게 해야 할까?

1 / 나의 첫 상가주택 마련기

저는 전세살이를 할 때 집만 있으면 부자인 줄 알았습니다. 그런데 막상 집 한 채 사고 나니 그 정도로는 부자가 될 수 없다는 것을 알게 되었습니다.

2,900만 원 전세로 시작해 대출을 많이 끼긴 했지만 3년 만에 3억 원을 호가하는 집 한 채 샀으니 20대 중반 나이에는 성공한 것과 다름없다고 생각했습니다. 꼬박꼬박 들어오는 월세로 빚을 갚고, 통장에 돈이 차곡차곡 쌓일 때는 밥을 먹지 않아도 배가 불렀습니다. 그런데 어느 날 이런 생각이 들더군요.

'이렇게 해서 어느 세월에 부자가 될까?'

주변에서는 이제 좀 편하게 살라고 했지만, 제 생각은 조금 달랐습니다. 많은 부자를 만나면서 우리나라에서 부자가 되려면 계속해서 부동산 투자를 해야 한다는 사실을 배웠거든요.

만약 그때 집 한 채 산 것에, 월세가 들어오는 것에 만족하고 소박하게 살았다면 마음은 훨씬 편했을지도 모릅니다. 그러나 한창 피가 끓던 나이어서 한 살이라도 젊을 때 많이 투자해 성과를 보고 싶었습니다.

저는 돈 모으는 일이 얼마나 힘든지 잘 알고 있었습니다. 그래도 부자가 되고 싶은 강렬한 열망을 갖고 있었기에 좀 험한 길을 걷게 되더라도 큰 부자가 되는 도전을 계속해 나가기로 했습니다.

부자엄마 투자수업

저는 1999년에 상가주택 하나를 구입했습니다. 그리고 2007년까지 8년간 보유했죠. 상가주택은 상가와 주택이 한 건물에 있는 겸용주택을 말합니다. 1층에 상가 점포 두 개가 있었고, 2층과 3층은 주거 용도였습니다. 대지면적 198m², 연면적 372m²였죠. 건물 자체 가격이 많이 오르지는 않았지만 입지가 좋아 임대 수익은 괜찮았습니다. 그 당시는 직장을 다니며 투자를 할 때였는데, 살고 있던 달서구 지역의 물건을 1년이나 샅샅이 살펴본 후에 선택한 물건이었습니다. 사실 사고 싶었던 상가가 있었지만 너무 비싸 2순위를 구입한 것이었습니다.

제 상가주택은 주택 비중이 60%였습니다. 이 때문에 주택으로 분류되어 3년 이상 소유하면 당시 기준으로는 양도소득세가 면제되어 절세 효과를 볼 수 있었습니다.

1층 상가 점포 두 개는 보증금 1천만 원, 월세 60만 원에 임대했고, 2층과 3층은 전세를 놓았습니다. 상가 역시 다가구주택과 마찬가지로 시세 차익을 노린 투자가 아닌, 임대료를 목적으로 한 투자였습니다.

2 / 상가의 가치는 수익률

상가의 가치는 수익률이 판가름합니다. 상가의 투자수익률은 대출금을 포함한 투자자금 대비 임대 수익이 연 몇 퍼센트인지 따져본 것입니다. 일반적으로 10% 전후의 수익률이면 괜찮은 투자로 봅니다. 그런데 지금은 4% 정도만 되어도 괜찮은 투자라 할 수 있습니다. 최소 자본으로 최대 수익을 올리면 성공한 투자라 할 수 있겠죠?

상가는 층에 따라 수익률이 다른데, 1층이 임대가 가장 잘되니 1층 수익률은 50%, 2층 수익률은 30%, 3층 수익률은 20% 정도라고 생각하시면 됩니다. 수익률을 계산할 때는 통상 임대 보증금은 제외합니다. 상가 수익률 계산 공식 정도는 알아두시기 바랍니다.

$$상가\ 수익률 = \frac{월\ 임대료 \times 12개월}{매입가 - 보증금} \times 100$$

$$10\% = \frac{120만\ 원(월\ 임대료) \times 12개월}{2억\ 8천만\ 원(매입가) - 1억\ 4천만\ 원(보증금)} \times 100$$

제 상가주택의 수익률은 10%였습니다. 월 임대료가 다가구주택보다 덜 나왔습니다. 빚을 안고 매입해 전세금을 많이 받아야 했기 때문이죠. 그래도 요즘과 비교하면 상당히 높은 수익률입니다.

상가의 가치를 판단하는 가장 쉬운 방법은 권리금을 알아보는 것입니다. 권리금이 높으면 그만큼 입지가 좋아 장사가 잘된다는 뜻이기 때문입니다.

부동산 중개사무소를 최소 다섯 곳 이상 방문하고, 인터넷 검색만 믿지 말고 직접 건축물관리대장을 떼어 대지면적, 연면적, 건평, 건축년도 등을 확인해보아야 합니다. 저는 대출을 받아 투자했는데, 은행에서 얼마나 대출이 가능한지도 미리 확인해보아야 합니다. 물건마다 대출 가능 액수도 다르고, 이자율도 다르기 때문이죠. 계약하려다 대출 조건이 맞지 않아 낭패를 보지 않으려면 반드시 미리 확인해야 합니다.

3 / 돈 되는 상가주택 고르는 네 가지 방법

돈이 되는 상가주택을 고르려면 다음 네 가지를 참고하시기 바랍니다.

• 건물 모양보다 입지가 중요하다

입지가 좋으면 건물이 낡고 모양이 반듯하지 않아도 큰 문제가 안 됩니다. 상가주택은 상가와 주택을 함께 임대해야 하기 때문에 상업 지역이나 일반 주거 지역은 수익성이 크지 않습니다. 주거와 상업 지역이 적절하게 섞여 있는 준주거 지역이 최적지입니다.

• 상권이 성숙한 곳을 골라라

사람이 많이 몰리는 지역에서 물건을 찾아야 합니다. 그래야 임대도 잘되고, 월세도 잘 받을 수 있죠. 앞서 이야기했듯 1층 임대가 전체 수익률의 50%를 차지합니다. 물론 상권이 성숙한 곳의 물건은 가격이 비쌉니다.

- 주택가 초입과 중심 사거리가 최고다

주택가 초입은 사람들의 이목을 끌기 좋습니다. 도로가 두 개 이상 접하고 있는 코너 자리 역시 접근성이 좋아 상가주택의 가치가 높습니다. 그 지역의 주 통로가 되는 중심 사거리에 위치한 상가도 사방에서 접근하기 쉽죠.

- 실평수가 23m²라면 Good!

실평수 7평 정도가 가장 임대가 잘됩니다. 그 정도면 업종 상관없이 무난하게 거래되죠. 평수가 넓으면 임대료가 높겠지만 공실률도 높아집니다.

4 / 왜 조물주 위에 건물주가 있을까?

돈 되는 부동산은 절대 팔아선 안 됩니다. 만약 지금 누가 봐도 좋은 건물을 갖고 있지 않다면 아무리 열심히 노력해도 가지기 힘듭니다. 그 주인은 절대 팔려고 하지 않을 테니까요.

'조물주 위에 건물주'라는 말이 그냥 생겨난 것이 아닙니다. 대한민국 모든 사람이 일하지 않아도 월세가 나오는 부동산을 소유하고 싶어 합니다. 그런데 요즘은 조물주가 되는 것보다 건물주가 되는 것이 더 어려워졌습니다. 이는 월세를 꼬박꼬박 받는 게 어렵다는 뜻이 아니라, 이제는 건물주가 되는 기회조차 박탈당할 수 있다는 이야기입니다.

'서울시 및 6대 광역시 최고·최저 지가 현황표'를 살펴봅시다.

부자엄마 투자수업

구분	최고 지가		최저 지가	
	지가(원)	소재지(㎡)	지가(원)	소재지(㎡)
서울	199,000,000	중구 충무로1가 24-2	6,740	도봉구 도봉동 산50-1
부산	43,000,000	부산진구 부전동 241-1	940	금정구 오륜동 산80-2
대구	38,000,000	중구 동성로2가 162	328	달성군 가창면 정대리 산135-2
인천	12,750,000	부평구 부평동 199-45	-	-
광주	13,200,000	동구 충장로 상업용 대지	780	광산구 어등산 임야
대전	14,140,000	중구 은행동 48-17	449	동구 세천동 산43-6
울산	12,800,000	남구 삼산동 1525-11	392	울주군 상북면 이천리 산47

서울시 및 6대 광역시 최고·최저 지가 현황표(2020년 기준)

전국의 상업지 가격이 전부 올랐지만, 서울의 상업지는 특별하게 급등했습니다. 강남 사거리 상업지는 호가 한 평에 아파트 한 채 가격이라 꼬마 빌딩 가격도 급등했습니다. 서울 강남 도로변 토지 가격도 무척 높아졌고요.

그럼 우리가 꿈꾸는 건물주의 건물은 어떤 건물을 뜻할까요? 서울 소공동에 있는 사옥들은 기본 5천억 원, 강남 테헤란로에 즐비한 사옥들은 기본 3천억 원입니다. 중요한 건 이런 건 매물도 나오지 않는다는 사실입니다. 역세권과 겹친 광로의 매물은 대물림되는 경우가 대부분이라 아예 접근 불가입니다.

꼬마 빌딩 투자를 쉽게 이야기하는 사람도 있는데, 서울 강남의 꼬마 빌딩은 보통 50억 원 이상입니다. 2종 주거 지역 매물도 평균 35억 원이죠. 30억 원대 매물은 막다른 골목 안에나 있습니다.

일반인들이 월급을 30년 동안 모아도 부동산을 살 수 없는 이유는 너무 비싸서가 아니라 계속 오르기 때문입니다. 돈 모으는 속도보다 건물값 오르는 속도가 더 빠르죠. 그래서 요즘은 자기 힘으로 건물주가 되는 것이 매우 힘듭니다.

5 / 건물의 가치는 어떻게 정해질까?

부동산은 위치가 생명입니다. 많은 사람이 몰리는 곳에 있어야 하죠. 사람이 없으면 상가 건물은 창고일 뿐입니다. 강남에 50억 원짜리 건물이 있다고 가정해봅시다. 50억 원이라는 가격의 근거는 무엇일까요?

가격은 가치를 기초로 합니다. 그 가치를 매기는 기준은 첫째도, 둘째도, 셋째도 위치입니다. 그것을 '3L'이라 하죠. 위치는 접근성으로 판단합니다. 무엇이 새로 생길 것이냐, 사라질 것이냐! (도로, 지하철역, 개발 방향을 뜻합니다.) 즉 판단은 그 도시의 도시 계획에 있습니다.

그렇다면 건물의 가치는 어떤 순서로 매겨질까요? 간단하게 정리하면 다음과 같습니다.

상가 분석을 할 때는 내부적 요인과 외부적 요인을 결합해 생각해야 합니다. 내부적 요인이 주변의 부가적인 요소라면, 외부적 요인은 그 도시의 인구와 인구밀도, 세대수, 교통량과 교통기관,

입지 여건	→	주변 배후 인구수	→	상권 범위	→	상업 입지 분석	→	상권 가치 평가

입지의 지리 요건	인구 평가	상권 범위	상권의 입지 시장 분석	업종·업태 분석	부동산 환경 분석	상권의 종합 분석 평가
입지 조건	유동인구	분류	상권 범위	브랜드 분포 현황	토지 가격	이해관계자
교통, 교통시설 (역세권)	거주 인구수	업태	객층 특성	동종 업종 전환율	공시지가	통계청 분석
위치 조건	유동 인구수	업종	근린주구 분석	각 브랜드 분포 현황	감정가	폐업 현황
접근성 평가	주택 형태	분포도	프랜차이즈 분포도	각 업종 구성 비율	임대가	부동산 공인중개사무소 조사 (전문가)
동선 파악	세대별 인구수	지리 구조	경쟁력 분석	점포의 객층 특성	권리금	상인 평가
동선 밀도	생활 수준	업종 비율	업종 현황 파악	업태 내 경쟁 구조	신규 상가 분양가 / 기존 주변 상가 거래가	총구매율 산정

도시시설과 주변 상가의 규모, 도시 계획, 도시의 소득 수준과 소비 수준을 모두 참고해야 합니다. 그리고 그 주변의 입지와 상권, 통행량 등을 세세하게 분석한 후에 그 물건이 가격 대비 가치가 높은지, 낮은지를 판단해야 합니다.

이처럼 다양한 요소를 배제하고 건물 가격 하나만 보고서는 가격이 적당한지, 그 건물의 가치가 어떤지 파악할 수 없습니다. 그 건물이 비싼지, 싼지는 전국 광역시 중심 상업 지역의 입지를 다 분석해봐야 판단할 수 있습니다. 아파트는 가격이 공개되어 있어 초보 투자자가 분석하는 것이 쉽지만, 건물은 이처럼 평가하기가 매우 복잡합니다.

우선 서울시와 6대 광역시는 다릅니다. 같은 50억 원짜리 건물이라 해도 6대 광역시에서는 상업가의 10층짜리 빌딩 수준이지만 서울 강남에서는 이면도로 안쪽의 건물에 불과합니다. 즉 인구에 따라 건물 가격은 차이가 많이 납니다. 시와 도, 군에 따라서도 다르죠.

상가의 평가는 다음 요소에 따라 이루어집니다.

- 상권의 권리금(바닥/시설/영업)

- 편의품, 선매품, 전문품

- 업종과 업태

- 제1종, 제2종 근린생활시설

- 용도 지역, 지구 구역

- 물리적 요소(자연: 하천, 산, 바다), SOC(철도, 도로, 역, 교통), 대형

시설물(학교, 관공서, 운동장)

위와 같은 요소들이 상가에 미치는 영향력을 상권이라 합니다. 상권은 여러 가지로 구별해서 봅니다. 상권은 성장 도시와 죽은 도시가 있죠.

상권의 특징과 구조를 분석해보면 상가의 입지별, 업태별로 수익의 편차가 크다는 것을 알 수 있습니다. 예를 들어, 무조건 상권 범위가 넓고, 업종이 좋은 가게가 있다고 해서 그 건물에 입주한 가게들의 사업이 잘되는 게 아니죠. 유동 인구층이 적고, 상가 이용률이 낮으면 크고 비싸고 대로에 있는 건물이라 해도 가치가 높지 않습니다.

이러한 요소를 고려해볼 때, 가치 평가에 대해 단순히 절하나 절상을 판단하기 어렵습니다. 게다가 해당 건물의 렌탈료, 보증금, 추가 권리금에 변동에 생기면 미래에 어떤 가치로 오를 것인지, 내릴 것인지를 평가하고 예측하기란 쉽지 않습니다.

무엇보다 아파트는 상한제가 있지만, 건물은 상한제가 없습니다. 토지는 토지 허가 구역이나 그린벨트라는 평가 자료가 있지만, 상가 투자는 애매합니다. 아파트처럼 감정 평가나 유사 거래 사례를 찾기 쉽지 않고, 일단 매물이 잘 없다 보니 정찰제도 아니고, 물건을 살 때의 가심비, 가성비라는 것이 없습니다. 경매와 또 다른 전문 영역입니다.

결론적으로 이야기하면, 상가는 아파트와 달리 아무나 가치 평가를 할 수 없기 때문에 투자하기가 매우 까다롭습니다. 기본적으로 평당 2천만 원에서 2억 원 하는 상가의 가치를 판단할 수 있을 정도로 공부가 되어 있어야 도전해볼 수 있습니다.

6 / 싸고 좋은 건물은 어디에 있을까?

상가를 구매하기 전에 가장 기본적인 개념부터 짚고 넘어가도록 합시다. 먼저, 가치와 가격이 어떻게 다른지 알아볼까요?

- **가치**value: 해당 부동산에 대한 장래 이익을 반영한 현재 가치이며, 현재를 기준으로 한 값
- **가격**price: 해당 부동산에 대한 교환의 대가로 실제 지불된 금액이며, 과거에 형성된 값

가격은 가치를 기초로 하고, 가치는 대가라는 화폐로 매매되는 실거래가입니다.

호가, 급매, 실거래에 대해서도 알아보도록 하죠.

- **호가:** 당사자가 주장하는 가격
- **급매:** 특수한 상황의 매도 가격
- **거래가:** 일반 정상적 거래 가격

상가의 경우, 감정 평가 균형 가격이 시장 가격의 기준이 됩니

다. 즉 공시지가를 기준으로 거래 빈도에 따라 개별성을 가집니다. 거래가 빈번할수록 상가 가격은 급등합니다. 올라간 공시지가는 내려가지 않습니다.

- **기준시가**: 국세청의 양도소득세 부과를 위한 가격
- **공시지가**: 표준지에 대한 국토교통부의 표시 가격
- **과세표준액**: 지방세 부과 시 기준이 되는 토지 및 건물 가격

위 세 가지가 시장 가격 형성의 기초가 됩니다.

종합하면 상가는 다음 다섯 가지 기준으로 가치를 판단합니다. 기본적으로 이런 기준들이 상가를 소유했을 때 건물주가 되게 할지, 창고 주인이 되게 할지 판가름합니다.

- 인구
- 접근성
- 인구 유입
- 도시 공간 구조 계획
- SOC Social Overhead Capital (사회간접자본) 투입 여부

월세를 받고 싶은 마음에 어설프게 상가 투자를 하면 낭패를 볼 수도 있습니다. 그보다는 아파트 월세가 공실이 없어 더 안전합니다.

도시를 잘 분석해보세요. 서울은 특별시이고, 인구는 1천만 명에 가깝습니다. 중소 도시는 5~50만 명 미만, 대도시는 50~100만 명 미만, 거대 도시는 100~500만 명 미만, 초거대 도시는 500만 명 이상입니다. 서울은 초거대 도시이며, 구도 25개나 됩니다.

- 내재 가치(과거값)
- 희소가치(현재값)
- 미래 가치(기댓값)

이 셋을 따져보면 좋은 물건이 있는 곳은 서울 강남입니다. 그런데 여러분도 잘 알고 있듯 강남 건물이 전국에서 가장 비쌉니다. 여기서 잠깐! 그런데 강남 상가의 공실률이 오히려 지방 상가의 공실률보다 높다는 사실을 알고 계시나요? 상황이 이러한데 사람들은 왜 서울 강남에서 건물주가 되려고 안달할까요?

7 / 상가 구매 시 기억할 것

상가를 구매할 때는 인구의 특성(기존 인구+유동인구)을 잘 분석해야 합니다.

인구의 특성은 ① 같은 목적을 가지고 모이는 지역, ② 동일한 직업이 모이는 지역, ③ 수준이 비슷한 사람이 모이는 지역, ④ 비슷한 연령, 취미를 가지고 모이는 지역, ⑤ 주기에 따라 나타나는 소비 형태 지역으로 나눌 수 있는데, 단순하지 않죠?

그리고 계속 강조하고 있듯, 상가를 고를 때는 가격보다는 접근의 용이성과 위치를 봐야 합니다. 위치가 좋지 않은 곳의 상가를 사면 건물주는커녕 거지가 되기 십상입니다.

상가의 가치는 사람들에 따라 물리적으로 움직입니다. 도로와 교통이 사람들을 실어 나릅니다. 서울도, 6대 광역시도, 나름의 도심과 부도심 지역, 지구 상권, 근린 소생활 상권이 다 있지만 유동성, 즉 사람의 이동을 잘 보아야 합니다.

전국적으로 보면 서울이, 서울 중에서는 강남이 인구를 끌어당기고 있습니다. 이렇게 사람들을 끌어당기는 곳은 지가가 올라갑니다. 단순히 사람들의 구매력이 높다 해서 상가의 지가가 올라가지는 않습니다. 구매력이 없어도 접근성이 좋으면 지가는 무조건 올라갑니다.

지가 상승분이 높은 건물의 경우, 월세 수익률이 낮습니다. 강남 건물들의 월세를 분석해보면 월세가 대출 이자를 메꾸지 못하는 경우가 많습니다. 그런데 공실, 장기 공실임에도 불구하고 싸게 임대하지 않습니다. 상황이 이러한데도 건물을 팔지 않는 이유는 그곳의 지가가 매달 오르고 있기 때문입니다. 즉 상가 투자를 할 때는 지가 상승으로 공시지가가 계속 오르는 지역의 상가를 선택해야 합니다.

무조건 월세만 보고 상가형만 사서도, 지가 상승 폭이 높다고 상업용만 사서도 안 됩니다. (상업용 부동산과 상가용 부동산에 대해서는 이후에 자세히 알아보도록 하겠습니다.) 상가 투자 시 월세와 지가 상승 폭, 이 두 가지가 적정선에서 충족되면 잘한 투자입니다.

8 / 건물주가 될 것인가, 창고 주인이 될 것인가

최근 몇 년은 아이들의 학비 조달을 위해 보유하고 있던 부동산을 팔아 상가와 빌딩 투자에 매진했습니다. 그러면서 공부도 많이 하고, 실전 경험도 많이 쌓았죠. 해볼수록 상가 투자는 초보 투자자가 도전하기 어려운 분야라고 느낍니다. 저도 처음에는 너무 모르는 상태에서 투자해 낭패를 보았습니다.

저는 처음에 상가를 살 때 건물값의 4% 이상이 월세로 나오지 않는 게 당연하다는 걸 몰랐습니다. 거기에다 여름과 겨울에 누수가 많이 발생해 노이로제가 걸렸고, 엄청난 재산세를 내느라 허덕이기도 했습니다. 엘리베이터 수리, 교체 등 건물 유지비로 드는 돈을 마련하려니 당시 월급쟁이였던 저로서는 역부족이었습니다. 그러니 돈 좀 모았다고 월급쟁이가 함부로 상가를 구매해서는 안 됩니다. 준비 없이 상가나 빌딩 투자를 했다가는 정말 큰 고통이 따릅니다.

상가를 잘 사서 건물주가 되겠다는 꿈은 실현하기 매우 어렵습니다. 돈이 없어서도 힘들지만, 돈이 있어도 상가를 보는 눈이 없으면 쫄딱 망하기 쉽습니다.

건물주가 되려다 알거지가 된 사람을 본 적이 있나요? 망한 사람은 말이 없고, 망했다고 책을 내지 않습니다. 잘된 사람만 보고 혹해서는 절대 안 됩니다.

만약 상가가 공실이 나면 창고로 사용해야 합니다. 상가 공실은 재앙입니다. 공실이 나면 다른 층, 그 주변도 같이 무너집니다. 공실이 나기 시작하면 장기화될 가능성이 큽니다. 나중에는 공실이 난 상가의 세금을 내기 위해 폐지를 주우러 다녀야 할 수도 있습니다. 생각만 해도 무섭지 않나요? 웬만한 개인이라면 세금, 관리비 등을 감당하기 힘듭니다.

그래서 부동산은 투자하기 전에 교육이 먼저라는 사실을 기억해야 합니다. 사야 할 부동산, 사지 말아야 할 부동산을 구별할 줄 아는 눈을 가져야 하죠. 그 눈은 그냥 주어지는 게 아닙니다. 엄청난 노력 끝에 얻을 수 있습니다. 꼬박꼬박 들어오는 달콤한 월세를 상상하기 전에 공부부터 해야 합니다.

9 / 상가에 대한 기본 공부
부동산 상가는 크게 상업용과 상가용으로 나뉩니다.

- **상업용 부동산:** 개인 건물이나 빌딩(통건물)
- **상가용 부동산:** 큰 건물 안의 한 칸의 공간(구분상가)

상업용 부동산은 지가 상승과 수익이 수반하고, 상가용 부동산은 개인 매장의 임대료 수입이 높습니다. 어떤 것이 더 좋고 나쁘다고는 말할 수 없습니다. 투자자의 성향에 따라 다르죠.

상업용 부동산은 본인 소유의 토지에 그 용도 지역, 지구 구역에 맞게 병원, 원룸, 주유소, 도심형 생활 주택, 기타 여러 종류의 건물을 지을 수 있고, 용도에 맞게 제1종, 제2종 근린생활시설의 세를 놓을 수 있습니다.

상가용 부동산은 특정 상업시설 안의 101호, 102호의 점포나 매장을 뜻합니다. 시내의 테마 상가, 복합 상가, 단지 상가, 근린 상가 형태로 건축법 시행령에 따라 1종 근생, 2종 근생, 판매시설, 영업시설을 임대할 수 있습니다.

구분의 용도는 판매냐, 영업이냐에 따라 집합 건물 소유 및 관리에 관한 법률을 따르고, 주택의 근린생활시설이나 소매상점은 주택 건설 기준에 관한 적용을 받습니다.

조금 크게는 유통, 산업, 발전법에 의거해 매장인지, 상점·도로 폭·지하도인지에 따라 도매·소매·용역 점포로 나뉘고, 할인점, 전문점, 백화점, 쇼핑센터, 시장으로 분류합니다.

건축법에 의한 근린생활시설의 분류는 이러합니다. 제1종, 제2종 근린생활시설이 있습니다. 제1종 근린생활시설은 판매, 의료, 운동, 숙박, 위락, 문화, 집회, 관광 휴게시설, 도매시장, 소매시장, 상점으로 분류됩니다. 제2종 근린생활시설은 공연장부터 노래연습장까지 세분화되어 있습니다.

상가의 기본이 되는 점포의 구분을 간략히 정리해보면 이렇습니다.

복잡해 보이지만 간략합니다. 상가 투자를 할 때 월세를 원하느냐, 지가 상승을 원하느냐, 이 두 가지 중에 하나를 선택해야 합

부자엄마 투자수업

상가용 부동산의 종류		
상가 분류	**내용**	**비고**
백화점	다양한 부문을 가지면서 의류, 패션잡화, 화장품, 가전, 식품, 가정용품, 스포츠용품 등의 제품을 취급하는 대형 소매점	
할인점	백화점보다 가격이 저렴하고 규모도 작으나 백화점에서 취급하는 대부분의 제품을 취급함. 직매입 비중 80~90%, 소매 매출액의 20%를 상회하며 지속적으로 확장되어 왔으나 근래 들어 입점 확장이 어려워짐. SSM 등으로 진출	
재래시장	1960년대 이후 설립된 전통적인 유통 장소로서 다양한 제품을 취급하며 일반근린시장부터 전문시장까지 다양하게 유행함. 시설 낙후, 주차 공간 협소, 편의시설 부족, 저급 상품 취급 등으로 갈수록 쇠퇴함. 일부가 현대적 상가로 리모델링함. '재래시장 육성을 위한 특별법'이 제정되어 시행되고 있음.	
단지 내 상가	주택법 등에 의해 일정 규모의 공동 주택 건립 시 주민의 편의를 도모하기 위해 설치되는 상가를 말하며, 주로 아파트 내 상가로 개발됨.	
근린상가	통상적으로 주거지가 중심이 되는 근린생활권에 입지한 빌딩으로, 건축법상의 근린생활시설 등 일상적 편의를 제공하는 업종이 입지한 상가를 말함.	근린상가빌딩, 재래시장, 가로변 상가 등
일반상가	상권의 위계상 도심 및 부도심에 위치한 상가로, 제1종, 제2종 근린시설. 학원, 위락시설 등이 입지한 빌딩. 상권의 성격에 따라 지역 또는 광역 상권 형성	
전문상가	의류, 가전 등 특정 품목에 특화하여 상품의 깊이와 폭을 확대해 운영. 카테고리 킬러 등이 여기에 속함.	의류 전문점, 하이마트 등

복합상가	주거시설, 업무시설, 숙박시설, 산업시설 등과 같은 시설이 복합되어 있는 상가. 주로 근린생활시설 등이 주 업종을 형성	주상복합 등
쇼핑몰	점포의 대부분을 개인 점포주에게 분양하여 개인 또는 상가위원회에서 운영하는 방식의 상가	
쇼핑센터	대규모 상가로서 근린생활시설, 위락, 판매, 엔터테인먼트 등 다양한 업종이 믹스되어 운용되는 상가	
지하상가	도로 등 공공용지의 지하에 설치되는 상점 거리	
민자역사상가	국유철도의 운영에 관한 특별법에 따라 철도공사가 민간자본을 끌어들여 낡은 역사를 현대화하는 사업으로 민자역사에 입점하는 상가를 말함.	서울역, 영등포역, 용산역, 수원역 등
유통상가	특정 유통물만을 취급하는 고객과 운영자가 제한된 상가용 부동산. 동일 업종의 집적 효과를 꾀함.	농수산물유통상가, 공구유통상가 등

니다. 이 둘을 모두 충족하는 물건은 없지만, 기본 상업용 부동산은 토지가 본인 소유이기 때문에 향후 개인이 원하는 용도에 맞게 재건축할 수 있습니다. 하지만 이 역시 경기가 어려워 공실이 나면 똑같습니다.

상가용 부동산은 상업용 부동산에 비해 월세가 높지만, 이 역시 경기가 어려워지면 같이 쓰러집니다. 상가는 아파트처럼 거주용이 아니다 보니 경기 흐름에 좌지우지됩니다. 상권의 흐름은 경기에 따라 달라지므로 경기 흐름을 잘 파악하는 것도 중요합니다.

경기 흐름은 다음과 같이 다섯 가지로 구분할 수 있습니다.

또 상권은 테마별로 그 위치가 모두 다릅니다. 상권 부류에 따라 장단점이 극명합니다. 크게 소비자 구매 형태에 따라 다음과 같이 나뉩니다.

- 주택지 상권
- 근린 상권
- 지구 중심 상권
- 지역 중심 상권
- 광역 중심 상권

상권은 유형별로도 특징이 양극화됩니다. 유형별 특징을 틈틈이 공부해놓으면 창업에도 큰 도움이 됩니다.

상가는 이론적으로도 잘 알아야 하지만, 필드에서의 분석도 중요합니다. 주간, 야간 상권 분석은 필수입니다.

스페이스, 즉 공간이 좋아야 공실의 우려가 적습니다. 얼핏 당연해 보여도 혼자 계산기를 두드리다 그것을 1순위에 올려놓는 것을 깜빡할 수 있습니다.

여러 차례 강조했듯 상가를 잘못 사 공실이 나면 패가망신할 수 있습니다. 경기가 어려울수록 현장에서 더 많은 발품을 팔며 공부해야 살아남을 수 있습니다.

10 / 어설픈 호구가 되지 말자

우리나라는 인구밀도가 높아 지금껏 부동산이 높은 가치를 부여받았습니다. 상가 외 건물, 빌딩도 마찬가지죠. 그러나 인구밀도가 높다고 해서 그 가치가 계속 상승하는 것은 아닙니다.

교통이 인구를 실어 나르고 있습니다. 교통이 발달할수록 지방 상권은 자연스럽게 몰락합니다. 그래서 지방 상가의 경우, 그 도시가 망해도 살아남는 도심과 부도심에 투자해야 합니다. 지금 세대 이전에는 지방도 호시절이었습니다. 고성장, 고환율, 고금리에 젊은 인구가 많았죠. 그런데 지금은 저성장, 저출산, 저금리에 고령화 시대입니다. 또한 임금이 부동산과 물가 상승에 밀립니다. 그래서 지방 읍, 면, 리, 소도시는 상업용이든 상가용이든 공실이 날 가능성이 큽니다.

여러분에게 겁을 주려는 것이 아닙니다. 제가 여러 차례 망해 보면서 배운 내용입니다. 멋모르고 투자해서 망한 물건은 모두 서울의 부동산 물건이 아니었습니다. 그래도 다행히 호시절이었기에 조금만 손해 보고 팔기는 했습니다. 요즘 같았으면 싸게 내놓아도 거래가 되지 않았을 것입니다.

과거와 현재를 보세요. 세계 경기와 국내 경기를 보세요. 과거와 현재처럼 세계와 우리나라의 경기도 이어져 있습니다.

지금은 수출이 감소하고, AI로 인해 많은 사람이 일자리를 위협받고 있습니다. 저금리에 돈은 길을 잃어 투기자금이 넘치고 있죠. 대출은 대출대로 저금리 영향을 이어가고, 인구는 경제 인구 감소 요인을 무시할 수 없으며, 소득은 자꾸 감소하고 있습니다. 그런데 아파트, 상가, 토지 가격만은 계속 가파르게 오르고 있습니다. 도시 전체를 보면 한때 부자였던 도시도 그 위상이 위태롭습니다.

산업화 도시가 힘을 잃으면서 상업용 상가의 공실이 이어졌습니다. 1980~1990년대 1기, 2기 상가용 부동산 투자 역시 전국 교통의 거미줄화로 탈이동했습니다. 이후 지방 상가의 공실은 더 심해졌고, 저는 이 때문에 파산 직전까지 가보았습니다. 돈을 벌어 세금을 내기도 빠듯했고, 공실이 된 상가 관리비며 전기세, 수도세 내는 일이 장기화되니 미쳐버리는 줄 알았습니다. 건물주라는 빛 좋은 개살구가 바로 그때의 저였습니다.

처음에는 건물주가 되겠다는 생각만 가지고 월세를 잘 받을 수 있을 것이라는 말에 혹해 한 건물을 덥석 물었습니다. 그런데 상가가 죽고 공실이 나면서 그 건물은 팔려고 해도 팔리지 않았습니다. 건물이 빨리 팔렸으면 하는 간절한 마음에 굿을 하기도 했죠. 참 부질없는 짓이었습니다. 그때 저는 '돈 좀 벌려다 그놈의 돈 때문에 죽지도 못하는 게 부동산이구나'라는 것을 뼈저리게 느꼈습니다.

부동산 투자 중 위험 요소가 가장 큰 것이 바로 상가입니다. 앞서 상업용이냐, 상가용이냐를 구분했지만 경기가 휘청거리면 다 똑같습니다. 저는 30대 초반에 처음 건물주가 되었습니다. 그때 저는 제가 정말 잘난 줄 알고 객관적으로 분석하기보다는 감을 믿었습니다. 부동산 투자를 하며 살겠다고 마음먹은 분들에게 이렇게 말해주고 싶습니다.

"부동산 투자는 감으로 하면 망합니다. 철저한 분석으로 하면 본전이고, 돈이 많으면 무조건 승산이 있습니다!"

마지막 말은 가슴 아프지만 사실입니다. 비싸더라도 누가 봐도 입지가 좋은 곳에 있는 물건을 사는 것이 가장 안전합니다.

그렇다면 무엇을 선택할 수 있을까요? 상가용 부동산 투자를 하려는 분들은 건물주가 될지, 창고 주인이 될지, 그 기로에 서 있습니다. 부디 어설픈 호구가 되지 않길 바랍니다.

11 / 돈 되는 상가, 이렇게 고르자

상권 분석과 입지 분석은 경험과 비례합니다. 자꾸 해보아야 방법을 터득할 수 있고, 안목도 길러집니다. 초보자라면 발품과 정보 수집만으로 판단하기가 힘들 것입니다. 그럴 때는 전문가의 눈을 빌리는 것이 좋습니다.

여기서는 반드시 알아두어야 할, 돈 되는 상가의 불변의 기준을 살펴보도록 하겠습니다.

- 중심에서 멀어지면 안 된다

투자금이 적다고 변두리에 있는 건물만 찾아다녀서는 곤란합니다. 무조건 중심 상업지에서 승부를 봐야 합니다. 대출을 더 받아서라도 비싼 지역에 투자하는 것이 리스크가 적습니다.

중심 상업지 중에서도 특히 장사가 잘되는 상가가 밀집해 있는 곳이 있습니다. 철저한 시장조사와 분석을 통해 그런 상가를 찾아야 합니다. 현재 여러분이 생각하고 있는 지역에서 중심, 중앙을 선택하세요.

- 대박 가게 옆이 명당이다

대박 가게 옆에 있는 상가는 입지가 좋습니다. 유동인구가 많기 때문에 상가로서의 가치가 높죠. 대박 가게들의 입지가 어떠한지 살펴보는 것도 공부가 많이 됩니다.

내가 투자하는 시기에 유행하는 아이템이 있다면, 그 아이템으로 고객을 끌어당기는 업종 정도는 파악해두어야 합니다. 다만 너무 짧게 유행하고 지나가는 아이템이 많은 상가는 변동성이 크니 주의 깊게 판단해야 합니다.

- 근처에 재개발·재건축 예정지, 공장, 관공서가 있다면 Good!

주변에 재개발·재건축 예정지, 대규모 공장, 주요 관공서 등이 있는 상가는 입지가 좋습니다. 유동인구가 많으니 도로가 발달되어 있고, 앞으로 발전 가능성도 높습니다.

• 상주인구가 많아야 한다

유동인구가 많다고 해서 장사가 다 잘되는 것은 아닙니다. 구매력 없는 유동인구는 돈을 가져다주지 않죠. 따라서 유동인구와 상주인구를 함께 봐야 합니다. 결론적으로, 아파트 단지를 끼고 있는 역세권과 중심 상업지가 입지가 좋은 곳입니다.

• 찾기 쉬운 곳이어야 한다

좋은 상권에 있어도 찾기 어렵고 접근성이 떨어지면 곤란합니다. 같은 도로변이라도 교차로 코너인지, 횡단보도 앞인지, 버스 정류장 근처인지에 따라 가치가 다릅니다. 사람들이 접근하기 수월한지, 통행량이 많은지 등을 잘 따져볼 필요가 있습니다.

: 땅 투자, 어떻게 해야 할까?

1 / 금싸라기 땅은 어디에 있을까?

세상 모든 장사꾼은 좋은 건 다른 사람들에게 팔고, 남은 건 자신이 챙깁니다. 그러나 이 세상에서 딱 두 가지는 절대 좋은 걸 다른 사람들에게 팔지 않습니다. 하나는 좋은 땅, 즉 돈이 되는 부동산이고, 또 하나는 대통령, 장관, 재벌이 난다고 하는 묏자리입니다. 심마니가 캔 300년 된 산삼은 돈을 주고 살 수 있어도, 진짜 돈 되는 땅은 아무리 웃돈을 준다 해도 살 수 없습니다.

세상에는 두 종류의 도둑이 있습니다. 하나는 생계형 도둑이고, 나머지 하나는 물가가 지속적으로 올라 돈의 가치를 떨어뜨리는 인플레이션이란 도둑입니다.

돈의 가치는 유동성에 따라 달라집니다. 그래서 사람들은 일단은 더 많은 돈을 가지려고 합니다. 그리고 더 많은 돈을 벌어 큰돈이 될 땅을 사려 하죠.

도시 안의 땅에 건물을 세우는 것을 건축법상 상가나 빌딩으로 분류하지만, 우리는 건물의 종류보다 값으로, 즉 땅값으로 판단합니다. 모든 건물은 토지 위에 세워져 있습니다. 땅 위에 지번이 부여되면 토지라 부르고, 땅이 땅으로 끝나면 그냥 땅이라 부릅니다.

옛사람들은 농사를 신성시하여 땅을 소유했느냐에 따라 주인과 소작농, 부와 빈으로 나누었습니다. 옛날에 렌탈료를 내는 소작농과 쌀을 대신 받는 토지주가 있었다면 요즘은 어떨까요? 주요 산업이 바뀌었을 뿐, 렌탈료를 받느냐, 렌탈료를 주느냐로 사람이 갈리는 건 똑같습니다.

많은 사람이 자신의 땅을 갖고 싶어 합니다. 농사를 짓든, 공장을 짓든, 병원을 세우든 땅을 빌려주고 월세를 받길 원하죠. 그 월세를 더 받기 위해 사람들은 높은 건물을 세울 땅을 찾아 나섭니다. 땅이란 누군가에게는 그저 땅이지만, 부동산 투자자에게는 금광입니다. 땅이 주는 매력이 어마어마하죠.

자기 땅이 없으면 생각이 좁아집니다. 빌딩을 빌려 쓰는 사람과 빌딩을 빌려주는 사람이 있다고 가정해봅시다. 둘은 같은 공간을 사용하지만 절대 같지 않습니다. 마찬가지로 그 빌딩에 일하러 가는 사람과 그 빌딩을 소유한 주인은 생각이 같을 수 없죠. 그 생각의 범위를 정하는 것이 바로 부동산입니다.

토지세를 내보면 땅의 가치를 배울 수 있습니다. 그때야 비로소 도심 안의 상업지 땅 100평과 시골 임야 1만 평의 가치가 다르다는 사실을 제대로 알게 되죠. 어떤 땅이든 토지는 토지 이용 계획서가 있고, 현재 가치, 희소가치, 미래 가치가 있습니다.

앞서 상가의 월세에 대해서도 이야기했지만, 토지 역시 월세 수익률이 높은데 지가까지 따라 오르는 물건을 싸게 살 수 있다는 말은 다 거짓말입니다. 그런 거짓 정보에 혹하지 말고 땅을 보는 눈을 길러야 합니다.

부동산 투자를 꿈꾼다면 먼저 토지 가격부터 조사해야 하고, 모든 토지의 서류를 한눈에 보고 미래 가치를 따질 수 있어야 합니다. 토지를 시세보다 싸게 사는 것도 중요하지만, 잘못 살 수도 있고 사기를 당할 수도 있습니다. 매수 전에 현재 가치를 정확히 파악해야 사고를 막을 수 있습니다.

가격은 잠깐 속일 수 있지만, 거래량은 정확합니다. 가격이 높을수록 위치가 좋습니다. 도시의 외곽이냐 내곽이냐에 따라 가격과 가치가 다릅니다. 다만, 위치는 자신만의 기준이 있기 때문에 지방 변방의 물건도 거래가 됩니다.

토지 거래 역시 부동산 투자의 기본을 되새기게 합니다. 보통

부자엄마 투자수업

부동산 공부는 책으로 시작하지만, 실제 투자는 책으로만 할 수 없습니다. 잘못하면 기획부동산 허위 정보에 사기를 당할 수도 있습니다. 현장에 가보지도 않고 묻지마 투자를 하면 정말 큰일 납니다.

저는 각 분야의 전문가들을 만나는 일에 시간을 투자하고, 정보와 쓰레기를 구별하기 위해 현장을 돌며 시간과 에너지, 자문 비용을 많이 지불했습니다. 값이 떨어질 것이라 믿고 투자하는 투자자는 없을 것입니다. 하지만 무조건 값이 오르는 부동산은 남에게 쉽게 가지 않는다는 사실을 기억해야 합니다.

2 / 계단식 상승을 해온 땅값

부동산 가격은 저점과 고점이 있습니다. 다만, 시세만으로 투자 타이밍을 판단할 수는 없습니다.

경기가 악화되고 악성 미분양에 입주 물량이 증가하면 부동산 가격이 하락합니다. 이때 사람들은 가격이 더 하락할까 무서워 부동산을 사지 못하죠. 아파트 시장이 인기가 떨어지면 토지 시장의 인기도 떨어집니다. 반대로 아파트 시장이 인기가 많아지면 토지 시장 역시 인기가 많아집니다. 양적 팽창이 커지면 부동산에 무관심했던 사람들까지 반응을 보입니다.

항상 호황 끝은 버블이었습니다. 그래서 투자 시장에서는 사 놓은 매물을 끝까지 팔지 않는 사람이 승자일지도 모릅니다. 사고 파는 시세의 틈을 노리는 투자는 그리 오래가지 못합니다.

아파트는 사이클을 타지만, 정권이 바뀌어도 아파트 시장은 가파르게 상승했습니다. 상가는 경기에 따라 좌우되어 왔죠. 그런데 토지는 꾸준히 계단식 상승을 해왔습니다.

토지는 투자를 하기 전에 '왜 투자를 하는가'가 확실해야 합니다. 아파트에 비해 환금성이 떨어지기 때문이죠. 땅 투자는 자기 자본에 맞는 투자일수록 외곽일 확률이 큽니다. 개발 가능성이 없는 외곽의 토지를 사면 물가 상승도 반영이 안 될 만큼 가격이 오르지 않습니다.

그렇다고 토지 가격이 붕괴될 일은 없지만, 남들이 땅을 샀다고 따라 샀다가는 그 땅에서 햇볕 쬐며 삼겹살을 구워 먹는 것에 만족해야 할지도 모릅니다. 이런 점에서 땅 투자는 양날의 검과 같습니다.

3 / 땅 투자의 세 가지 원칙

어릴 때 아버지가 친척의 말만 믿고 그린벨트로 묶인 땅을 사 30년 동안 팔지 못했습니다. 그 땅은 가족들의 두통거리였죠. 그로 인해 저는 땅 투자를 기피하다 뒤늦게 땅의 매력에 빠져들고 말았습니다.

사실 부동산으로 큰 부자가 된 사람들은 대부분 땅 투자로 돈을 벌었습니다. 부동산에 조금이라도 발을 담가본 사람은 아파트를 여러 채 갖고 있다 해도 땅만 못하다는 사실을 잘 알고 있습니다. 하지만 언제나 그렇듯, 수익률이 높으면 그만큼 리스크가 큽니다. 성공하면 대박, 실패하면 쪽박이죠.

그런데 이는 옛날이야기가 되었습니다. 과거처럼 헐값에 사서 금값에 파는 땅 투자의 신화는 더 이상 기대하기 어렵습니다. 지금 남은 땅 투자의 길은 장기적인 안목을 갖고 투자해 안정된 토대를 만드는 방식이죠.

저는 첫 책을 낸 후 대학 강의를 나가게 되면서(그 당시에는 시간강사였습니다), 땅 투자에 대해 학습하기 위해 학생들과 함께 땅을 보러 다녔습니다. 처음에는 당장 투자하지 않더라도 공부라도 해두자는 마음이었죠. 그런데 땅을 보러 다닐수록 안목이 생기고, 땅의 매력이 더욱 크게 보였습니다.

그렇게 2006년부터 수년을 운동화를 신고, 생수 한 통과 지적도를 가지고 전국 곳곳을 누볐습니다. 저는 한 번 꽂히면 앞도, 뒤도 보지 않는 스타일이라 빵 하나로 끼니를 때우며 시골 마을을 누비고 다녔습니다. 그러다 과로와 영양실조로 병원에 입원하기도 했죠.

그렇게 앓아 누워가며 겸임교수가 되기까지 10년간 배운 땅 투자의 세 가지 원칙은 이렇습니다.

• 밑져도 본전은 되는 땅을 골라라

최고의 수익률을 보장한다고 아무리 유혹해도 크게 손해 볼 수 있는 땅은 절대 사지 말아야 합니다. 돈은 벌지 못해도 땅이라도 남는 투자를 해야 하죠. 이도 저도 안 되면 내가 집을 짓고 살아도 되는 곳을 사라는 이야기입니다.

현장에 가보지도 않고 다른 사람의 말에 혹해 투자를 하는 사람들이 있습니다. 그런 방식으로 과연 큰 수익률을 얻을 수 있을까요? 밑져도 본전은 건질 수 있는 땅은 수십 번 현장 답사를 하는 노고가 있어야 찾을 수 있습니다.

• 도로가 끼어 있는 땅을 사라

땅을 볼 때는 주변에 도로가 있는지, 도로가 얼마나 접해 있는지를 살펴봐야 합니다. 도로는 땅의 혈관과 같습니다. 넓은 도로를 끼고 있으면 생기가 있고, 땅의 가치가 높습니다. 개발 허가 여부도 도로와 평수에 따라 좌우됩니다. 공장을 짓기 위해 건축 허가를 받으려면 도로 폭이 최소 4m 이상은 되어야 합니다.

이때 중요한 것은 도로변 땅이라고 무조건 오케이가 아니라는 것입니다. 중간에 차를 세우기 힘든 고속도로나 자동차 전용도로 옆에 있는 땅보다는 2차선 국도변 땅이 부가가치가 더 높습니다. 즉 사람의 발길이 닿을 수 있는 땅이 개발 가치가 있습니다.

• 진짜 기회는 한 번뿐이다

좋은 땅을 고르려면 충분히 공부하고 운동화를 신고 많이 돌아다녀 보아야 합니다. 그래야 땅을 보는 안목이 생기죠. 그러지 않으면 제 아버지처럼 30년 동안 어딘가에 내 땅이 있다는 만족감만 가지고 긴 세월을 살아야 할 수도 있습니다.

충분히 공부하고 검증했다면 좋은 땅을 보았을 때 망설이면 안 됩니다. '마음에 들지만 다음에 사야 할 것 같아'라고 생각하는 순간, 그 땅은 다른 사람의 것이 되어버립니다. 두 번의 기회는 없습니다.

4 / 나의 첫 땅 투자, 꿈을 품기 좋았던 곳

발이 부르트도록 전국 곳곳을 누비고 다닌 지 1년이 되어갈 즈음이었습니다. 지인의 소개로 현장 답사를 갔는데, 처음에는 첫 투자를 하기에는 땅이 너무 넓어 기대를 아예 하지 않았습니다. 그런데 보면 볼수록 마음에 쏙 드는 게 아니겠어요?

경북 의성에 있는 27,438m²(약 8,300평) 규모의 땅이었습니다. 토지의 사용 목적과 성질을 나타내는 지목은 잡종지였습니다. 잡종지는 어떤 용도로든 개발 허가를 받을 수 있는 땅을 말합니다.

우선 땅의 느낌이 너무 좋았습니다. 낮은 구릉(30도 이하)에 있고, 약간 내려다볼 수 있는 땅이어서 평화롭고 아름다웠습니다. 언덕에서 내려다보면 과수원과 축사가 마치 그림처럼 보였죠.

땅은 평지도 좋지만, 낮은 구릉이나 경사가 완만한 땅이 더 좋을 수 있습니다. 전원주택을 지을 때 약간 아래를 내려다보게 지으면 조망이 좋아지고 계단 모양으로 개발할 수 있습니다. 다른 곳보다 경사가 높아 흙을 파내야 하는 경우에는 흙을 팔아 부수익을 얻을 수도 있죠.

첫 답사를 다녀온 뒤 몇 달 동안 거의 매일 그 땅을 보러 갔습니다. 주변을 다니며 시세를 알아보고, 다른 땅과 비교도 해보고, 지적도를 대조해보며 하나하나 살폈습니다. 당연히 토지대장에 적힌 사항과 다른 것은 없는지, 분묘는 없는지 등도 살폈죠. 분묘는 묘지를 말하는데, 묘지가 있으면 땅주인도 함부로 이장을 할 수 없어 토지 이용에 제한을 받을 수 있습니다.

도심에서 차로 30분 거리에 있고, 근처에 고속도로 IC가 있어 교통도 괜찮았습니다. 근처에 고속도로 IC가 있거나 국도가 교차하는 땅, 기차역 근처 땅은 접근성이 높아 유동인구가 많습니다. 또 그 당시 상주~영덕 동서6축 고속도로가 건설되고, 지방 국도도 확장될 것이라는 이야기가 돌고 있었습니다. 제가 판단하기에 그곳은 향후 가격이 오를 수밖에 없었습니다.

저는 고민 끝에 10년 넘게 갖고 있던 상가주택을 팔고 융자를 받아 그 땅을 샀습니다. 평당 6만 원이었습니다. 과수원 옆에 비어 있던 농가를 조금 손봐 주말농장처럼 이용했습니다. 아이들이 어릴 때라 너무 좋아했죠.

오랜 세월이 지나 지금 그곳은 대구 신공항 부지로 선정되었고, 호재로 남았습니다. 전 딱 10년만 소유하고 2016년에 매도한 뒤 다른 땅으로 갈아탔습니다.

지금까지 저는 땅을 돈 모아서도 사보고, 빚을 내서도 사보았습니다. 그리고 수익을 얻고 팔아보기도 했고, 헐값에 팔아보기도 했습니다. 투자한 땅의 크기도 다양했죠. 그러한 시간을 거쳐 알게 된 사실들이 참 많습니다.

땅 역시 원래 비싼 땅은 잘 오릅니다. 잘못 산 땅은 오르지도, 팔리지도 않고 대대손손 대물림될 수 있고요. 다만 수혜 지역은 있습니다. 토지 보상금이 풀리는 곳으로 가면 안전합니다. 또 개발 호재를 파악해 열심히 발품을 팔며 노력하면 기회를 내 것으로 만들 수 있습니다.

5 / 두 번째 땅 투자, 개발 호재를 만난 경우

2006년 경북 지역 부동산 시장에서 경북도청 이전 계획 소식이 화제였습니다. 도청 이전은 단순히 도청 이전만을 의미하지 않습니다. 도의회, 경찰청, 교육청 등 10여 개의 공공기관이 같이 이전하고, 이에 따라 5~7만 명 정도의 인구가 이동합니다. 상하수도, 전기, 가스 등 지하 매설 공사를 비롯해 도로 확충, 신도시 개발 등은 물론, 중·고등학교가 들어서고, 문화 예술 공공시설, 연구 개발 지원 센터 등이 지어집니다.

이러한 소식을 들은 저는 더없는 기회라고 생각하고 2년 가까이 도청 후보지를 보러 다녔습니다. 도청 이전 후보지는 총 11개 도시였지만, 유력 후보지는 4~5개 도시로 압축되었습니다.

도청을 비롯한 공공기관의 대거 이전은 경제적으로 대단히 큰 사업이기 때문에 후보지 심사와 평가 기준 등을 도청 홈페이지에 공개적으로 공지합니다. 공지 내용을 보고 제 나름의 기준을 세워 투자할 땅을 선정하는 데 중요한 항목들을 체크해보았습니다.

- 지역의 낙후성

정부는 균형 발전을 감안해 상대적으로 낙후된 지역을 개발하겠다고 했습니다. 지난 수십 년 동안 인구가 크게 줄어든 지역이 높은 점수를 받을 수 있겠죠?

- 동반 성장 가능성

그 지역의 개발로 주변 지역까지 같이 개발될 수 있는가를 중요하게 볼 것이라고 했습니다.

- 타 지역과의 교통망 연결

철도역, 고속도로 IC 등을 새로 건설하는 것은 비용이 많이 들기 때문에 공항, 철도, 항만 등이 이미 확충되어 있는 곳이 선정될 것이라고 했습니다. 그래야 공공 업무 수행에 유리하겠죠?

- 교육 인프라

연구기관과 대학교 등 이미 학교가 있는 지역이 유력할 것이라고 했습니다.

이러한 요소들을 종합해본 결과, 안동, 상주, 구미, 영천, 의성으로 후보지가 좁혀졌습니다. 예상 후보지들을 답사해본 저는 안동이 가장 유력하다고 판단했습니다.

옆에 서안동 IC가 있고 국도가 뚫려 있어 교통이 좋았습니다. 사람이 없어 문을 닫긴 했지만 안동공항(예천공항)이 있었고,

1970년대에는 인구가 40만 명에 가까웠지만 그 당시에는 절반도 안 되는 16만 명 정도였습니다. 또 안동대학교를 비롯한 대학교만 세 개가 있었고, 문화적으로 색깔이 뚜렷한 지역 특색까지 갖고 있어 브랜드화가 되어 있었죠.

저는 안동을 예상 후보지로 선정한 뒤 2차선이 긴 관리 지역 (주로 보전을 목적으로 하면서 개발 목적도 가진 중간 성격을 가진 곳) 땅을 보러 다녔습니다. 어디까지나 나의 예측이니 도청 이전이 되지 않더라도 향후 개발 가능성이 있는 땅을 고르기로 했습니다.

그러던 중 고속도로 IC에서 10분 거리에 있는 참외밭이 눈에 들어왔습니다. 경사가 15도 정도였고, 조망권도 확보되어 있었습니다. 주위 개발이 전혀 이루어지지 않은 곳이었죠. 공장이나 축사를 지으려면 도로가 4m 이상은 되어야 하는데, 2차선 지방도로를 8m 정도 물고 있어 여기가 딱이다 싶었습니다. 저는 2007년에 참외밭 3,600m²(약 1,100평)를 평당 13만 원(약 1억 5천만 원)에 샀습니다.

그리고 2008년 6월 안동·예천 지역이 경북도청 이전지로 발표되었습니다. 제가 산 땅은 이전할 도청 바로 앞이어서 향후 개발 가능성이 매우 높아졌습니다. 2년 동안 열심히 후보지를 보러 다닌 보람을 느꼈습니다.

땅 투자는 남의 말만 믿고 제대로 공부하지 않고 뛰어들어서는 절대 안 됩니다. 위험 부담이 매우 큽니다. 하지만 열심히 공부하고 발품을 팔면 특별한 호재를 만나지 않더라도 그 애쓴 시간은 이후에 나름대로 잘 활용할 수 있습니다.

: 경매, 어떻게 해야 할까?

1 / 싸다고 무조건 들어가지 마라

앞서 이야기했듯 제가 스무 살 때 부모님의 전셋집이 경매로 넘어갔습니다. 그리고 2006년 남편의 사업 실패로 우리 가족이 살고 있던 집이 경매로 넘어갔습니다. 두 차례의 경매, 참 놀라운 경험이었죠. 이는 훗날 제 투자에 트라우마로 작용했습니다.

부동산 카페(왕비재테크) 회원들과 경매에 관한 강연을 들으러 다니던 중 강연자였던 교수님 한 분과 경매 스터디를 하게 되었습니다. 트라우마 때문에 멀리하던 경매를 본격적으로 공부해보니, 시세보다 낮은 금액에 괜찮은 물건을 살 수 있는 좋은 투자법이라는 생각이 들었습니다.

그때 교수님이 추천해준 경매에 처음 참여해 운 좋게 낙찰을 받았습니다. 3층짜리 상가주택이었는데, 주변에 대단지 아파트가 있었고, 지번상으로 상가 밀집 지역에 4차선 도로를 물고 있었습니다. 위치가 참 괜찮았죠. 그리고 세입자들도 모두 배당 신청을 한 상태여서 낙찰 후에 세입자들 문제로 골치 아플 일도 없고, 수익성도 괜찮아 보였습니다.

그저 공부 삼아 참여했을 뿐인데 20대 1의 경쟁률을 뚫고 낙찰을 받게 되니 하도 얼떨떨해 주변의 축하 인사도 잘 들리지 않았습니다. 너무나 큰 행운이라고 생각했죠.

하지만 '경매에서 큰 수익을 남기기는 어렵구나' 하는 것을 뒤늦게 깨달았습니다. 그동안 다가구주택, 상가주택, 아파트를 구입할 때는 1년 이상 해당 지역을 살펴보고, 여러 물건을 꼼꼼하게 따져보았습니다. 그런데 경매의 경우, 직접 발품을 팔고, 권리분석을 하고, 수익성 등을 분석하는 과정을 소홀히 했습니다. 공부를 하는 도중이었고, 교수님만 믿은 것도 컸습니다.

경매는 권리 관계 문제를 따지는 일이 매우 복잡하고 힘듭니다. 권리분석은 낙찰가 외에 추가 부담이 있는지를 알아보는 것인데, 가령 소유권 취득 후 세입자에게 보증금을 물어줘야 하는 등의 일이 걸려 있는지 잘 따져보아야 합니다.

그런데 제가 경매에 참여한 물건의 경우 그런 문제가 없는 게 마음에 들어 앞으로 수익성은 어떠한지 철저하게 따져보지 않았습니다. 나중에야 상가 밀집 지역이지만, 상권이 제대로 형성되어 있지 않아 임대에 어려움이 많다는 사실을 알게 되었습니다. 또 앞으로 크게 오를 지역도 아니었죠.

결국 그곳은 투자 금액 대비 수익률이 낮아 한마디로 돈만 까먹는 애물단지가 되고 말았습니다.

2 / 팔랑귀가 되지 마라

경매로 상가 투자를 할 때는 '시세보다 저렴한가'가 아니라 경기가 침체되더라도 '안정적인 임대 수익이 가능한가'를 확인하는 것이 정말 중요합니다. 잘못하면 싼 게 비지떡이 되는 수가 있죠.

사실 부동산은 싼 게 비지떡이 맞습니다. 그러나 경매에 관심 있는 사람들은 아무래도 시세보다 저렴한 가격에 좋은 물건을 살 수 있다는 기대감이 있죠.

경매는 권리분석과 물건분석이 중요하고, 고려해야 할 사항이 많아 열심히 공부해야 합니다. 초보자가 대충 알고 뛰어들기에는 어려움이 많습니다. 무엇보다 철저한 권리분석과 물건분석, 현장 조사를 통해 좋은 물건을 찾아도 그 물건이 내 것이 된다는 보장은 없습니다. 그래서 경매의 고수가 되려면 낙찰 여부에 일희일비하지 말고 길게 가겠다고 마음먹어야 합니다.

제가 경매 공부를 하며 배운 것은 경매는 1등보다 10원만 더 높게 가격을 적어 내면 된다는 단순한 사실이었습니다. 다투어서 싸게 사는 게 경매입니다.

경매는 내가 투자 지역을 선택할 수 있는 것이 아니라 경매에 나온 물건의 지역에 따라가야 한다는 단점이 있습니다. 전국도 좋지만 동서남북에 투자할 수는 없는 노릇이죠.

제 주변에는 경매에 입문한 지 몇 년이나 지났지만 물건 하나 낙찰 받지 못한 사람이 여러 명 있습니다. 그들은 매일 경매에 관한 기사를 챙겨보며 권리분석을 하는데 말입니다. 이처럼 자신이 원하는 지역, 자신이 가진 금액과 딱 맞아떨어지는 물건을 발견하고, 거기에다 낙찰까지 받는 일은 쉽지 않습니다.

적당한 물건을 찾기까지 시간도 많이 걸리고, 그 시간 동안 물가상승률만큼 가격도 올라갑니다. 따라서 경매를 하고자 할 때는 시간 대비 수익률도 따져볼 필요가 있습니다.

경매로 부동산을 장만할 때는 일반 거래 가격보다 최소 20~30%는 싸게 구입해야 경매에 따른 수익이 발생할 수 있습니다. 낙찰을 받은 뒤 소유권 이전에 대한 세금, 명도 비용, 입찰과 낙찰에 따른 시간이 소요되니까요. 그런데 요즘은 경매가 인기가 많아 낙찰가가 감정가의 90% 이상입니다. 이는 공인중개사 수수료를 아끼는 정도입니다.

솔직히 경매로 정말 좋은 물건을 잡는 것은 매우 어렵습니다. 부자가 살던 집은 경매로 나오지 않습니다. 부를 일구어줄 집 또한 경매로 나오지 않습니다. 그걸 미리 알아보는 사람이 있고, 받아줄 지인이 있기 때문이죠.

40대 정도가 되면 정보에 잘 흔들리지 않지만, 30대는 팔랑귀가 많습니다. 그래서 누가 어디가 좋다고 말하면 솔깃해합니다. 중심을 잡고 잘 살펴 속지 않는 선택을 해야 합니다.

투자를 통해 좋은 성과를 내고자 한다면 투자의 본질을 잊지 말아야 합니다. 워런 버핏은 이런 투자 철학을 가지고 있습니다.

- 절대 돈을 잃지 마라Never lose money.
- 첫 번째 규칙을 절대 잊지 마라Never forget rule No.1.

돈을 사랑하면 그 돈을 지키려 할 것입니다. 사랑하는 사람을 잃지 않기 위해 애쓰듯 말이죠. 부디 이 글을 읽는 여러분은 잃지 않는 투자, 지지 않는 투자를 하시기 바랍니다.

3 / 가치보다 돈이 입지를 만드는 시대

경매 시장을 보면 이슈가 되는 물건은 입찰 경쟁이 장난 아닙니다. 가격 갱신이 되는 걸 보면 무서울 정도입니다. 2019년 7월에 참여한 경매에는 많은 사람이 몰렸습니다. 물건이 상당히 인기가 많았죠. 제가 판단한 가치는 26억 5천만 원이었는데, 낙찰가는 29억 8천만 원이었습니다.

가치보다 돈이 입지를 만드는 시대입니다. 현금을 많이 가지고 있는 사람이 부동산을 선점합니다. 이제는 그것이 이상한 것도, 틀린 것도 아닙니다. 이런 불평등을 전제한 것이 부동산 투자이고, 경매도 마찬가지입니다. 대출을 실컷 당겨 물건을 사고, 팔리지 않으면 경매로 내놓습니다.

부동산 초보자들은 가격이 싸면 그 토지가 맹지인 줄도 모르고 일단 사고 봅니다. 그런 모습을 볼 때면 오랫동안 부동산 투자를 해온 선배로서 선의의 피해자가 생길까 염려됩니다.

경매는 싸다고 해서 무조건 좋은 것만이 아닙니다. 재건축·재개발 토지 거래 허가 구역은 경매가 허용되지만, 무조건 사놓는다고 해서 값이 오르지는 않습니다. 그나마 저금리로 아니, 저금리의 만성화로 금리를 겁내지 않지만, 디플레이션의 가속화도 지켜

봐야 합니다.

　부동산의 위력은 잠자던 백수도 집 밖으로 나오게 합니다. 많은 사람이 부동산의 '부' 자도 모르면서 3개월 정도 경매 학원에 다닌 뒤 경매에 참여하고, 공인중개사 시험을 치릅니다. 마치 경매가 국민 필수 과목이 된 듯합니다.

　경매를 하지 말라고 부정적으로 하는 말이 아닙니다. 실력 없는 투자는 위험하다는 것을 말씀드리고 싶습니다. 경매는 부동산을 전반적으로 배우고 난 뒤에 시작해도 늦지 않습니다. 낙찰을 많이 받는다 해서 부자가 되는 것은 아니라는 사실을 알아야 합니다. 상류 부자들, 진짜 전문가들은 먹이의 사냥꾼이 되려 하지, 먹잇감이 되려 하지 않습니다.

　경매를 하려면 지식과 경험을 두루 갖추어야 합니다. 인내로 배워 경매 시장에 참여해야 가치 높은 물건을 낙찰 받을 수 있습니다.

3장

부자엄마를 만드는 열두 가지 법칙

부동산에 관심이 없으면 더 가난해지고, 가난에는 이자가 붙습니다. 부동 산을 알면 인생이 바뀝니다. 부동산은 시간이 돈을 벌어주는 시스템을 만 들어주니까요.

1

인생의 로드맵부터
그려라

가난하면 귀찮아 게으름을 피울 확률이 높습니다. 당장 먹고 사는 게 해결되면 안심하고 다른 선택을 하지 않으려 합니다. 그런 상태가 되면 남들이 하면 따라 하고, 하지 않으면 안 합니다. 남들처럼 살면 남들만큼도 못 삽니다. 결단을 내려 자기 선택의 결과에 책임을 지고, 자기 것으로 만들어야 합니다.

부동산 투자에 대해 조금 공부한 뒤 아파트를 살까, 땅을 살까, 상가를 살까 고민하는 사람이 많습니다. 그런데 그때, 그 고민이 자신의 숙고로 이어지는 게 아니라 남들에게 묻고 다니면 큰일 납니다. 큰 선택을 하는 데 다른 사람의 의견이 필요할까요?

언제 은퇴할까? 어떤 직업을 가질까? 누구와 친하게 지낼까? 누구와 결혼할까? 살아가면서 크고 작은 선택을 해야 할 일이 너무 많은데, 투자 항목을 정하는 것조차 스스로 할 줄 모르면 부자는커녕 부자 로드맵을 그리기도 힘듭니다.

가난한 마인드를 갖고 있으면 그 어떤 결정도 내리지 못합니다. 모든 결정과 선택은 최선이 아니어도 된다는 사실을 기억하시기 바랍니다. 저는 인생을 살아가면서 결정 장애를 가진 사람을 많이 만났습니다. 선택과 결정을 하지 못하는 사람들은 하나같이 무섭고, 두렵고, 겁난다고 했습니다.

달리 보면, 그래서 그들은 가난합니다. 저는 가난하게 사는 게 싫어 무섭고, 두렵고, 겁나도 제대로 선택하고 결정하려 노력합니다. 특히 아이들이 지켜볼 때는 더 그렇게 하죠.

결정 장애를 가진 사람들은 흔히 이렇게 말합니다.

"나는 소심하고 보수적이야."

그 말은 사실이 아닙니다. 그들은 손해 보는 게 싫고 지혜가 없어 사람과 기회를 놓치고 있다는 걸 모르고 있습니다.

부자가 되고 싶다면 잊지 말아야 할 태도가 있습니다. 바로 이것이죠.

'때로는 손해 보고 잃게 되더라도 내가 선택하고 결정한다. 다만 실수할 수도 있기 때문에 모든 선택과 결정에 목숨을 걸면 안 된다.'

부의 길을 걷고 싶다면 일단은 선택하고 거기에서 배워야 합니다. 경험 속에서 배우려는 자에게 운도 따르죠.

부자가 되는 길은 여러 방법이 있지만, 일단은 내 개성에 맞게 로드맵부터 그려야 합니다. 먼저 인생 로드맵이라는 큰 그림을 그려놓고 시작하세요.

제가 부자가 되기 위해 세운 로드맵을 공개합니다. 저는 로드맵대로 살아왔습니다. 그 첫 번째가 '세대수대로 아파트 하나씩 갖기'였습니다.

1. 세대수대로 등기하기
2. 되도록 일찍 투자 시작하기
3. 등기 수를 늘리기보다 가치가 높은 물건을 장기 보유하기
4. 아이들에게 일찍 금융 교육 시키기
5. 적극적 소득active income보다 소극적 소득passive income 높이기
6. 경제적 자유 실현하기
7. 사회에 세금을 많이 내는 애국자 되기

로드맵 그리기는 자기 스스로 선택하고 책임지는 삶의 시작입니다.

2

스스로
결정하라

투자자는 스스로 많은 것을 습득해야 합니다. 토지와 건축물, 월세와 이자, 공시지가와 감정 평가액, 세금과 절세, 정책과 대책, 규제와 완화를 비롯해 해당 지역의 문화와 도시 공간 개별성, 다양성, 양극화 등이 다 다릅니다.

물론 사장은 인턴, 대리, 과장, 부장 등 직원들의 일을 모두 파악해야 하지만, 그렇다고 해서 팩스 넣는 법까지 배울 필요는 없습니다. 투자도 상대의 브리핑을 이해할 수 있으면 됩니다.

어떠한 토지를 보면 한눈에 개발 행위 허가, 용도, 건축법, 주택법, 세무 회계를 알 수 있는 정도는 되어야 합니다. 매매나 전·월세로 임대할 경우, 경제적 수익 분석까지 할 수 있다면 더 좋습니다. 그러면 매매 계약서를 쓸 때 자신에게 좀 더 유리하게 주도

부자엄마 투자수업

권을 가질 수 있겠죠?

매도자라면 양도소득세 신고를 잘 살펴야 하고, 매수자라면 등기권리증이 넘어오기까지 일어나는 모든 사건과 사고, 변수를 스스로 이해하고 있어야 상대와의 협상에서 밀리지 않습니다. 결국, 물건을 사고파는 모든 진행 과정을 혼자 해결하지 못한다면 사고가 일어날 수도 있습니다.

아파트의 경우, 그래도 매도와 매수 계약 조건에 별첨 조건들이 양호하거나 거의 없습니다. 중개 대상물 확인 설명서에서 쉽게 확인하고 매매할 수 있죠. 하지만 상가는 그렇지 않습니다.

상가는 종류에 따라 세금가액이 달라집니다. 일반 상가 매매의 경우, 일반 부가세 또는 포괄 양수 매매 조건이 케이스마다 다르기 때문에 누군가의 말만 들어서는 안 됩니다. 잘못하면 뜻하지 않게 세금 봉변을 당할 수도 있습니다. 토지도 나대지냐 건축물이 있느냐에 따라, 건축물이 있다면 주택이냐 상가냐에 따라 세금이 달라집니다.

도시 지역에 있는 용도 지역인지, 도시 지역 외의 농지인지 밭인지, 과수원인데 그 과수원이 산에 있는지 들에 있는지에 따라서도 가치를 측정할 수 있습니다. 이때 어떤 비율로 매매 금액을 설정해야 하는지 스스로가 서류를 떼고 있어야 거래를 자유롭게 할 수 있습니다.

투자는 사후 관리도 중요합니다. 서류 처리만이 전부가 아닙니다. 실수요냐 임대냐에 따라, 더 넓게 매도용 시가차액의 보유라면 3년, 5년 기간에 따라 관리의 효율성을 잘 따져야 하고, 상속이나 증여, 장기 10년 이상 소유라면 관리 측면에서 향후 양도세 부분까지 좀 더 체계적이고 꼼꼼한 관리대장이 필요합니다. 꽤 복잡하고 전문적이죠? 주먹구구식의 투자와 관리는 결코 오래갈 수 없습니다.

임대의 경우도 그렇게 단순하지 않습니다. 임대인과 임차인은 사람 대 사람이지만, 결국은 갑을 관계죠. 과거와 달리 이제는 임차인을 갑으로 진정성 있게 배려해주어야 합니다. 그래야 본인의 부동산이 빛이 납니다. 그저 계산기를 잘 두드린다고 해서 상대가 협조적이 될 수 없습니다. 수없이 실랑이하고, 밀당하고, 언성을 높이는 등 손발이 후들거리는 일을 많이 경험해보아야 스스로 자신이 어떤 능력을 가졌고, 어떤 부분이 부족해 이익을 잃는지 터득할 수 있습니다. 손해를 감수한 협상이나 말을 잘못해 발생한 리스크를 몸소 체험할수록 다양한 경험과 경력이 쌓여 부동산 거래에서 베테랑이 될 수 있습니다.

저도 이제야 협상이라는 걸 조금 알 것 같습니다. 그만큼 협상은 어려운 것 같아요. 상대에게 지지 않으면서도 나를 통제하는 법이라고 할까요? 이런 일들은 직접 겪어 보아야 알 수 있습니다. 누군가의 조언으로는 결코 알 수 없습니다.

부자가 되는 길에 알아야 할 것이 정말 많죠? 그래서 사전에 타인이 사고, 팔고, 관리하는 시스템을 보면서 질문을 해보는 것도 좋은 방법입니다.

건물주는 임차인과 입장이 같을 수 없습니다. 그것은 결코 이론으로 알 수 없죠. 실제 부동산 강의를 30년 이상 한 사람이라 해도 그렇습니다. 아무리 오랫동안 부동산 강의를 했다 해도 자기 건물 관리를 직접 해온 사람의 일 처리 능력은 따라갈 수 없습니다.

결국은 현장에서 자신이 나아가야 할 방향을 터득해야 합니다. 어떤 학과나 학원에서도 배울 수 없는 것들이 분명 있습니다. 아무리 회사 생활을 잘한다 해도 자신이 직접 창업해서 배울 수밖에 없는 영역이 있는 것과 같습니다.

좋은 학벌, 스펙을 가졌더라도 부동산 투자를 잘해 성공적으로 관리해나가는 건 별개의 문제입니다. 부동산에 대해 스스로 A부터 Z까지 다 꾀고 있어야 하는 이유는 그래야 중도에 포기하거나 무너지지 않기 때문입니다.

지루하고, 따분하고, 스트레스 받고, 긴 싸움이 이어지는 문제가 발생하는 분야가 바로 부동산입니다. 스스로 부동산에 대해 배우고 판단해야 돈도 벌고, 즐겁고 행복하게 소중한 재산을 지켜나갈 수 있습니다.

누군가가 제게 "가난에서 빠져나오는 가장 빠른 방법은 무엇입니까?"라고 묻는다면 저는 이렇게 대답할 것입니다.

"부동산에 대해 A부터 Z까지 스스로 다 배워야 합니다."

지금까지 계속해서 이야기했듯 이제 부동산을 배우는 일은 선택이 아닌 필수입니다. 투자법만이 아니라 부동산 전반에 대해 다 공부해야 부를 잡을 수 있고, 그 부를 오래 유지할 수 있습니다.

3

교육에 돈을
아끼지 마라

배워야 세상이 보입니다. 무지한 사람에게 무언가를 설명하려면 엄청난 에너지를 쏟아야 합니다. 말귀를 알아들을 수 있어야 돈 될 정보를 얻을 수 있죠.

돈에는 분명 이름이 있습니다. 냄새도 있죠. 돈은 총명합니다. 돈은 돈을 좋아하는 사람에게 갑니다. 그것도 돈을 잘 쓰는 사람에게 말이죠. 우리는 어떤 돈을 쓰고 있고, 앞으로 어떤 돈을 쓰며 살까요? 저는 돈을 이렇게 구분합니다.

- 산 돈 = 지식을 습득하는 데 쓰는 돈
- 살 돈 = 경험을 사는 데 쓰는 돈
- 죽은 돈 = 자신의 사치품을 사는 데 쓰는 돈

부자엄마 투자수업

- 죽을 돈 = 자신의 유희에 쓰는 돈
- 더러운 돈 = 자신이 번 것이 아닌 돈
- 미친 돈 = 남의 돈을 당겨 와 자신이 쓰는 돈

저는 제가 가진 부동산을 제 아이에게 물려줄 계획도, 생각도 없습니다. 처음부터 제 꿈은 빌딩을 사는 게 아니었기 때문입니다. 아이에게 교육을 시키고 싶어 큰돈이 필요했고, 교육비가 점점 많이 나가 투자에 더 집중하게 되었고, 그러다 보니 빌딩까지 사게 됐습니다.

제가 실제로 아이들을 위해 쓴 교육비는 강남의 어설픈 집 한 채 값입니다. 그래도 아깝지 않습니다. 저는 어렸을 때 의무 교육 외에는 교육을 받아 본 적이 없습니다. 그 흔한 학원 한 번 다녀본 적 없죠. 그로 인해 저는 제 아이들에게 무언가를 배우는 즐거움을 선물해주고 싶었습니다. 그것이 제겐 큰 기쁨이고, 삶의 명분입니다.

제가 이 세상에 태어나 잘한 것은 세 가지입니다.

첫째, 두 아이의 엄마가 된 것
둘째, 회사를 그만둔 것
셋째, 부동산 투자 공부를 계속한 것

거창한 인생을 살 것처럼 했지만, 진짜 치사한 시간을 살기도 했습니다. 인간답지 못했던 시간도 많았죠. 그래서 지금 제 삶이 만족스럽습니다. 누군가가 제게 비난을 쏟아붓더라도 제가 흘렸던 눈물을 감히 이길 수 없습니다. 피눈물을 쏟으며 어린 아이들을 떼어놓고 돈을 벌어야 했던 저는 혼신의 힘을 다해 아이들을 교육시켰습니다.

저는 교육에 돈을 아끼지 않겠다는 제 판단이 옳았다고 생각합니다. 혼신의 힘을 다해 돈을 버는 엄마를 보면서 아이들은 공부하는 데 다른 이유가 없었을 것입니다. 이는 단순히 투자한 교육비를 아이들이 배신하지 않았다는 차원이 아닙니다. 제 지대한 관심은 온통 교육이었고, 교육비였습니다. 그렇게 큰아이는 워싱턴 D. C.로, 작은아이는 보스턴으로 유학을 떠났고, 배우는 즐거움에 감사할 줄 알며 배우는 행복에 빠져 있습니다.

저 역시 늦게 대학에 입학했습니다. 학사, 석사, 박사를 마치는 동안 솔직히 버거웠습니다. 아이들이 커나갈 때 저를 위해 돈과 시간을 투자하는 것이 쉽지만은 않았습니다. 돌아보면 우리 가족의 교육비를 벌기 위해 늘 아등바등했던 것 같아요. 마이너스 통장마다 잔고가 가득하지만 그래도 행복합니다. 우리 가족은 산 돈과 살 돈을 쓰고 있기 때문입니다. 다만, 배우는 것에 관심을 두되 학벌에는 인생을 걸지 않는 게 좋다고 생각합니다.

저는 큰아이가 중학교 2학년일 때 "네가 생각하기에 월 100만 원씩 교육비를 지원해주는 게 낫니, 부동산을 물려주는 게 낫니?"라고 물어보았습니다. 아이는 교육비를 지원해주는 게 좋다고 했습니다. 그래서 저는 아이에게 교육비는 지원해주지만 집은 사줄 수 없다고 이야기하며 원망하지 말라고 했습니다. 그에 대해 각서까지 받았죠.

아이의 미래는 아이 본인과 얼마든지 합의할 수 있습니다. 아니, 이제는 어른도 미래 사회를 알 수 없기 때문에 아이와 반드시 합의해야 합니다.

그 후 저는 아이들의 교육에 최선을 다했습니다. 물론 그 길만이 전부가 아니라는 사실도 잘 알고 있었습니다. 공부에 크게 흥미가 없는 아이는 교육비를 지원하기보다 자신이 좋아하는 일을 하게 해주고, 아이 명의로 부동산을 하나 사주는 게 나을 수도 있습니다.

제가 강조하고 싶은 것은 배움에 투자하는 그 자체입니다. 많은 사람이 돈을 모으면 돈이 주는 기쁨과 돈의 힘, 지위를 이용해 겉모습에 투자하며 보상받으려 합니다. 사실 좋은 차, 넓은 아파트, 해외여행, 명품 가방 같은 것들은 그리 중요하지 않습니다. 본질은 눈에 보이는 그런 것들이 아닙니다.

그렇다면 본질은 무엇일까요? 돈을 벌어서 주로 어디에 썼느냐 하는 것이 아닐까요? 그래서 자신과 자녀 교육에 투자하고, 책을 사는 데 많은 돈을 지출해야 합니다.

제게 부러움의 대상은 돈 많은 사람이 아닌, 지식과 지혜를 가지고 있는 사람입니다. 그런 사람들과 친해지고 싶었죠. 그런데 그런 사람들과 친해지고 보니 그들은 대부분 정말 큰 부자였습니다. 큰돈을 지불하는 건 어느 부자나 할 수 있지만, 존경받는 부자가 되는 건 아무리 돈이 많아도 어렵습니다.

우리는 지금부터 열심히 돈을 모아도 100억 원을 모으지는 못할 것입니다. 그렇다면 1천만 원이나 100억 원이나 거기서 거기입니다. 대단한 부잣집이 아니고서는 자기 힘으로 아무리 노력해 봤자, 중산층 정도가 아닐까 싶습니다. 물론 숫자로 사람의 등급을 매기는 건 가난한 마인드죠.

저는 명품 옷, 명품 시계, 명품 가방을 몸에 둘둘 두르고 다니는 사람이 아닌, 지식의 밑바닥이 드러나지 않는 사람이고 싶습니다. 그런 사람이 진짜 부자이니까요. 그래서 저는 명품을 걸친 엄마가 아니라, 지독한 구두쇠지만 교육비를 아끼지 않는 엄마가 진짜 부자엄마라고 생각합니다.

인류가 존재하는 한 현재도, 미래도 배우는 사람이 영원할 수 있습니다. 주정뱅이는 술값에 전 재산을 쓰고, 카지노를 즐기는 사람은 도박에 전 재산을 쓰고, 노는 것에 빠진 사람은 유희에 전 재산을 쓰지만, 부자는 가진 돈을 배우는 데 씁니다.

부자들이 더 많은 돈을 버는 이유는 더 많은 교육비를 쓰기 위해서입니다. 우리는 그들이 어떻게 공부하는지, 무슨 책을 읽는지, 어떻게 돈을 쓰는지, 어디에 시간을 쏟는지, 무엇에 관심을 가지는지 잘 살펴볼 필요가 있습니다. 제한 없이 공부할 수 있는 자유가 있어야 진짜 부자입니다.

4

부자를 만나야
부자가 된다

여러분은 살면서 자신의 영웅을 만난 적이 있습니까? 그 사람을 따라 하며 닮으려 애쓰다 보면 점점 그 사람처럼 되어갑니다. 우리가 쉽게 부자가 될 수 있는 방법은 세 가지가 있습니다.

첫째, 부자 부모를 만나는 방법
둘째, 부자 배우자를 만나는 방법
셋째, 로또에 당첨되는 방법

사실 말이 쉽지, 결코 쉬운 일이 아닙니다. 그래서 자신의 롤모델, 자신의 영웅을 찾으라고 강조하는 것입니다.

저는 아이들에게 장관이나 국회의원이 되라고 하지 않습니다.

그렇다고 직장(그곳이 대기업이라 해도)에 취업하라고 하지도 않습니다. 또 창업을 부추기지도 않습니다. 단지 부자가 되라고 이야기합니다. 부자가 되면 아이들 교육을 잘 시킬 수 있고, 시간적 여유를 가질 수 있어 내가 하고 싶은 일을 할 수 있기 때문입니다.

주변을 살펴보면 이제 10억 원, 20억 원, 30억 원을 가지고 있는 사람이 많습니다. 서울 비싼 지역의 84m²짜리 아파트 가격은 20~30억 원입니다. 그러니 30억 원이 있다고 해서 부자라 말할 수 없죠.

진짜 부자는 돈의 흐름을, 돈을 어떻게 굴려야 하는지를, 세상이 무엇으로 돌아가는지를 잘 알고 있습니다. 부자가 되고 싶은 사람들은 그들의 선견지명을 배우고 싶어 그들을 만나고 싶어 합니다. 하지만 부자는 아무나 만나주지 않습니다.

10억 원을 가지고 있는 부자는 100억 원을 가지고 있는 부자를, 100억 원을 가지고 있는 부자는 1천억 원을 가지고 있는 부자를, 1천 억 원을 가지고 있는 부자는 1조 원을 가지고 있는 부자를 만나고 싶어 합니다. 자신보다 재산이 많은 사람, 자신보다 수준이 높은 사람을 만나야 배울 것이 있기 때문이죠. 그러나 나보다 나은 사람은 나를 만나주지 않습니다.

진짜 부자들은 자신이 부자인 티를 잘 내지 않습니다. 그들은 이미 명품을 졸업했고, 관심도 없습니다. 돈을 지배하는 사람들은 보통 사람들과는 확연히 다릅니다.

진짜 부자들은 자기만의 세계가 있습니다. 즉 부자들이 싫어

하는 사람들이 있습니다. 저 역시 부자들이 싫어하는 유형에 속해 한때 충고를 받기도 했고, 지적을 받기도 했고, 혼이 나기도 했습니다.

부자들의 공통점 중 하나는 누군가에게 자신의 비밀을 가르쳐주기 싫어한다는 것입니다. 그건 싫어서가 아니라 너무 힘들기 때문입니다. 기본 준비가 되어 있지 않은 사람은 부자들이 부의 비밀을 아무리 알려줘도 받아들이지 못합니다. 그런 사람들을 이해시키기가 어려워 아예 이야기를 해주지 않게 된 것입니다.

그렇다면 기본 준비가 되어 있지 않다는 게 무슨 뜻일까요?

- 인내하지 못한다.
- 고통을 피해 도망간다.
- 행운만 기다린다.
- 게으르다.
- 생각이 짧다.
- 바꾸려 하지 않는다.
- 고집이 세다.
- 말이 많다.
- 공짜를 좋아한다.
- 남에게서 득을 보려 한다.

이런 습성이 있다면, 부자를 만나더라도 그들에게서 부의 비밀을 알아낼 수 없습니다. 기본적으로 이런 습성을 버린 뒤 부자를 찾아가기 바랍니다.

종종 이렇게 묻는 사람들이 있습니다.

"부자를 만나면 다 부자가 될 수 있나요?"

많은 부자 연구가들은 부자를 만나야 부자가 될 수 있다고 이야기합니다. 단, 부자를 만나면 다 부자가 된다는 건 과장입니다. 그에 앞서 스스로가 부자가 되고 싶다는 마음을 가지고 있어야 합니다. 부자가 되고 싶다는 강렬한 의지를 가진 상태에서 부자를 만나면 적어도 더 어리석게, 더 가난하게 사는 일은 막을 수 있습니다.

그렇다면 자기보다 열 배, 혹은 그 이상 재산을 가진 부자를 어디에서 만날 수 있을까요? 실제로 만나는 건 굉장히 어려운데, 책을 통해 만나야 하는 걸까요? 그런데 안타깝게도 부자들은 책을 쓰지 않습니다. 강연도 잘 하지 않죠. 또 자신을 드러내는 걸 극히 싫어하고, 설치지도 않습니다. 그러니 이 세상에 나와 있는 부자와 관련된 책은 진짜 부자의 생각이 아닐 수도 있습니다. '카더라'일 수도 있다는 말입니다.

사실 부자를 만나려면 돈을 써야 합니다. 이 세상에 공짜로 얻을 수 있는 건 없습니다. 강의나 모임 등을 통해 부자를 만나면 그들만의 정보와 네트워크, 그들의 소신을 들을 수 있습니다. 유튜브나 책, 지인들의 이야기만으로는 절대 고급 정보를 얻을 수 없습니다.

부자엄마 투자수업

부자들이 제게 가르쳐준 것들 중에 이제야 이해가 되는 게 있습니다. 그것은 바로 '돈을 써라'라는 것입니다. 비싼 비용을 치르고서라도 부자를 만나 이야기를 듣는 것은 그만한 가치가 있습니다.

제가 만난 큰 부자들은 모두 부자가 되고 싶다면 투자자가 되라고 이야기했습니다. 저는 그 말을 이해하기 위해 29년 동안 수업료를 냈나 봅니다. 여러분도 부자를 찾아다니며 만나고, 궁극에는 투자자로 살기 바랍니다.

5

빚 없는 투자는
힘들다

2008년 저는 많은 사람에게 화폐개혁을 준비하라고 이야기했습니다. 2009년 상반기에 고액권 발행과 동시에 돈의 가치 하락이 초읽기에 들어갈 것이라 예측했죠.

1962년 6월 제2차 통화개혁이 있었습니다. 이때 환화를 원화로 바꾸었고, 비율은 10대 1로 했죠. 다시 말해, 1953년의 1,000원은 10환이 되었고, 1962년에 다시 1원이 되었습니다.

제가 태어난 해인 1973년에 최고액권인 1만 원이 탄생했습니다. 그 후 2003년까지 30년 동안 물가는 11.5배 올랐지만 최고액권은 1만 원이었습니다.

물가 때문에 고액이 필요해지고, 10만 원짜리 수표가 애용되었지만, 수표는 재사용이 불가능하다는 단점이 있었죠. 수표의 유

부자엄마 투자수업

통기한은 평균 일주일에 불과해 수표 발행으로 생기는 손실액이 연간 6천억 원으로 커졌습니다. 고액권 발행은 이런 배경에서 실행되었습니다.

고액권이 발행되면 통상적으로 부동산이 오릅니다. 이때 금값 또한 동반 상승하죠. 고액권 발행은 실물자산 인상을 부추기는 일입니다.

우리나라 고액권 발행은 단순히 5만 원, 10만 원이란 신권이 발행된다는 개념이 아니었습니다. 광풍이 몰아쳤습니다. 그 뒤 정부는 자연스럽게 물가 상승을 유도했습니다.

정부가 부동산을 규제하면 시중 자금이 모두 주식과 펀드로 몰려 열풍을 이룹니다. 이제 사람들은 이런 흐름에 대한 학습이 조금 되어 있습니다.

고액권이 발행되면 물가 상승은 자연스럽게 일어납니다. 2009년에도 고액권이 발행되면서 500원짜리 과자가 700원, 1,000원으로 빠르게 올랐고, 같은 가격의 음료수는 용량이 줄어들었습니다.

예전에는 750원짜리 신라면 한 봉지를 사고 당시 최고액권인 1만 원을 내면 9,250원을 돌려받았습니다. 그런데 앞으로 10만 원 권이 발행되면 어떤 일이 일어날까요? 신라면 한 봉지를 사고 10만 원을 내면 99,250원을 거슬러 받게 됩니다. 자, 그럼 어떤 현상이 유도될까요? 돈의 가치가 떨어졌음에도 오히려 돈이 두둑해진 기분이 들 것입니다. 그러면 당연히 지출이 늘어나게 되죠. 그런 소비 심리가 우리의 씀씀이를 커지게 할 것입니다.

지갑에 1만 원짜리 5장과 10만 원짜리 5장이 있다고 상상해봅시다. 시간이 지날수록 우리 지갑은 5만 원짜리와 10만 원짜리로 채워지고, 1만 원은 현재 1,000원쯤의 개념이 될 것입니다. 이런 현상들에 익숙해지면 물가 상승이 일어나도 잘 느끼지 못합니다.

그렇다면 정부가 고액권을 발행하는 진짜 이유는 무엇일까요? 물론 한국은행에서는 디노미네이션denomination(돈의 절상=화폐 단위 하향 조정)을 시행하지 않는다고 발표했습니다. 그러나 물가 상승을 이유로 디노미네이션은 이루어질 수밖에 없습니다.

OECD 국가의 화폐 중에 우리처럼 원시적인 화폐 단위는 없다고 합니다. 어차피 언젠가는 시행될 수밖에 없습니다. 디노미네이션에 대한 공감대는 이미 충분히 형성되었으니까요.

디노미네이션은 곧 물가 상승입니다. 그 비율이 100대 1이라고 할 때, 종전에 1만 원 하던 물건은 100원이 됩니다. 그렇게 되면 부동산도 영향을 받습니다. 3억 원 하는 집이 4~5억 원으로 오르는 것은 쉬운 일이 아니지만, 300만 원 하는 집이 400만 원으로 오르는 것은 용이합니다.

그렇게 고액권이 발행되고, 서민들의 지갑이 열리고, 물가가 조정되면, 돈의 가치 하락은 피부로 느끼지 못할 만큼 자연스럽게 진행됩니다. 그러다 또 때가 되면 화폐개혁을 단행하죠.

1973년의 1만 원을 현 11.5~12% 물가상승률로 나누면 800원 정도가 됩니다. 10만 원은 8,000원, 100만 원은 8만 원, 1천만

부자엄마 투자수업

원은 80만 원이 되죠. 그럼 미래 1억 원의 가치, 우리가 꿈꾸는 10억 원의 가치는 어떻게 될까요? OECD 국가의 평균 고액권은 40만 원대이고, 경제 규모와 국내총생산GDP 규모가 커지면서 향후 5년 이내에 '조' 단위도 부족해 '경' 단위가 등장할 것이라 전망합니다.

디노미네이션의 장단점은 분명합니다.

장점

- 거래 편의 제고 및 회계 장부의 기장 처리 간편화
- 자국 통화의 대외적 위상 제고 기능
- 인플레이션 기대 심리 억제
- 지하 퇴장자금 양성화 기능

단점

- 컴퓨터 시스템 변경에 따른 사회적 비용 발생
- 새로운 화폐 발행에 따른 화폐 제조비 및 현금 처리 자동화기기 대체 및 변경 비용 발생
- 회계 장부 및 전표의 신규 대체 비용 발생
- 우수리 절상 등의 물가 상승 요인 내재
- 국민들의 불안 심리 초래 가능성

그러나 위에 나열한 글들은 어디까지나 이론을 연구하는 전문

가들의 견해일 뿐, 실질적으로 피부에 와닿는 우리 가계를 놓고 볼 필요가 있습니다.

화폐 가치가 떨어지는 시점에서 미래 가치를 준비하는 재테크는 무엇이 있을까요? 최고의 재테크는 '잃지 않는 투자'입니다. 예측이 맞아떨어지면 리스크는 거의 없습니다. 그렇기 때문에 철저한 준비와 경험이 필요하죠.

단순한 화폐개혁 이야기가 아니라 미래 세계를 크게 생각하라고 말하고 싶습니다. 미래를 준비하는 주인공이 되어야 합니다. 현재가 힘들다고 좌절하지 말고, 그렇다고 현재에 만족하지도 말고, 주어진 환경에서 더 크고 높은 목표를 세워야 합니다.

10년 전으로 가봅시다. 1억 원을 빌려 아파트를 사려 합니다. 1억 원을 빌려준 채권자, 1억 원을 빌린 채무자가 있습니다. 10년이 지난 지금, 누가 웃고 있을까요? 바로 채무자입니다.

이번에는 20년 전으로 가봅시다. 1천만 원을 빌려 땅 투자를 했습니다. 그 땅은 20년 후에도 1천만 원일까요? 20년 전에 통장에 1천만 원을 넣어두었다면, 이자는 얼마나 모였을까요?

30년 전으로 가봅시다. 한 사람은 100만 원으로 소 한 마리를 샀고, 한 사람은 100만 원을 은행 통장에 넣어두었습니다. 이 두 사람은 훗날 어떤 결과를 보게 되었을까요? 소는 송아지를 낳았지만 돈은 알을 까지 못했습니다.

한 푼, 두 푼 모아 부자가 될 수 있는지 따져보세요. 매월 100만 원씩 저축하면 1년 후에는 1,200만 원, 10년 후에는 1억 2천만

부자엄마 투자수업

원이 됩니다. 매월 300만 원씩 저축하면 1년 후에는 3,600만 원, 10년 후에는 3억 6천만 원이 됩니다. 그럼 매월 1천만 원씩 저축하면 어떻게 될까요? 1년 후에는 1억 2천만 원, 10년 후에는 10억 2천만 원이 되죠.

여기에서는 인플레이션이라는 변수를 고려하지 않았습니다. 돈의 가치는 하락하고 있습니다. 현재 정부의 대출 규제도 있죠. 과거 경기가 그나마 괜찮았던 시절에는 돈이 가치라도 있었지만, 지금은 어떤가요? 자, 인정할 건 인정합시다.

- 월급쟁이는 연봉을 평생 모아도 누구나 꿈꾸는 집을 사지 못한다.
- 부동산을 가지고 있다 해도 대출 이자, 세금, 관리비 등을 지출하면 쓸 수 있는 돈이 얼마 남지 않는다.
- 현재 시중에 돌아다니는 투자자금이 너무 많다.

이 정황들은 결국에는 돈이 돈을 벌고 있다는 사실을 너무나 잘 증명해줍니다. 결론을 말씀드리겠습니다. 종잣돈 마련 시간을 줄이기 위해서는 대출이 반드시 필요합니다.

A라는 사람이 1억 원의 빚을 냈다고 가정해봅시다. 월 이자는 30만 원입니다. 1년이면 360만 원, 10년이면 3,600만 원이죠. 만약 1억 원을 가지고 3억 원 전세를 껴 아파트를 샀다면 10년 동안 3,600만 원이 오르지 않았을까요? 즉 이자보다 수익률이 1%라도

많으면 그 길로 가야 합니다.

그런데 여전히 대출받는 것이 무서워 전셋집에서 살거나 내 집 외에는 부동산 투자를 전혀 하지 않는 사람이 많습니다. 이들은 가난하게 살겠다고 선전 포고한 것과 다름없습니다.

돈이 돈을 버는 시대에서는 '시간이 빚을 해결해준다'라는 사실을, '시간이 돈을 벌어준다'라는 사실을 반드시 기억해야 합니다. 시간은 빚을 낸 사람에게 기회를 주고, 빨리 투자한 사람을 부자로 만들어줍니다. 1% 금리가 무섭다면 금리보다 무서운 것이 인플레이션이라고 강조하고 싶습니다. 저는 과거에 대출 18% 확정 금리에도 투자를 했습니다.

대출을 이용해 부자가 된 사람이 너무 많아 일일이 사례를 소개해드리기도 힘듭니다. 여전히 대출을 두려워하는 사람들은 팩트를 보아야 합니다.

2013년으로 거슬러 가봅시다. 당시 강남의 86m² 모 아파트 매매가는 7~8억 원, 전세가는 4~5억 원이었습니다. 이때는 3~4억 원만 있으면 갭 투자를 할 수 있었습니다. 109m² 아파트 매매가는 10~12억 원, 전세가는 7~8억 원이었습니다. 이 역시 3~4억 원만 있으면 갭 투자를 할 수 있었습니다.

부동산은 2017년까지 크게 상승하지 않았습니다. 그런데 2018년을 지나 2019년에는 어떻게 되었나요? 86m² 아파트 매매가는 15억 원, 전세가는 7억 원이었습니다. 이때는 7억 원이 있으면 갭 투자를 할 수 있었습니다. 109m² 아파트 매매가는 20억 원,

전세가는 10억 원이었습니다. 10억 원이 있으면 갭 투자를 할 수 있었죠.

지난 정권에서는 10억 원만 있으면 2억 원씩 갭 투자를 하여 전세 8억 원을 끼고 매매가 10억 원짜리 아파트를 다섯 채나 살 수 있었습니다.

물론 지금은 힘듭니다. 이제 서울 주요 구에서 30년 동안 묵혀 있던 30평대 아파트도 10억 원입니다. 상황이 이러한데 빚 없이 부동산을 살 수 있을까요? 언제 부자가 될 수 있을까요? 자신의 고정관념에 대해 생각해보시기 바랍니다.

누가 여러분에게 빚을 내서는 안 된다고 말해주었나요? 가난한 부모님이 그런 말을 했나요? 저는 돈을 벌기 위해 이런 글을 쓰고 있는 게 아닙니다. 사실 부자들의 잔치는 이미 끝났습니다.

오랫동안 이어져온 경기 흐름을 기억해보세요. 결국 빚낸 사람이 부자가 되었나요, 빚을 내지 않은 사람이 부자가 되었나요? 전부 호시절 이야기라 치부할 건가요?

이자가 아까워 신용대출을 받지 않고, 이자가 무서워 빚을 내지 않는다면 결국 뒤처질 수밖에 없습니다. 빚을 내지 않는 것은 가난의 지름길입니다.

6

부를 이루는 세 가지 요소를 가져라

베푸는 사람이 되어라

사람은 사람에게 기대어 삽니다. 세상을 보는 힘과 습관, 행동, 감성 등은 주변 환경의 영향을 받고, 이는 취미, 선호도, 가치관, 꿈, 인생 전반에 영향을 미칩니다.

태어나 제일 처음 큰 영향을 받게 되는 사람은 부모님입니다. 성장한 뒤 책을 많이 읽는다 해도 교훈을 덤으로 얻는 것이지 지혜롭게 사는 일은 누가 따라다니며 가르쳐주지 않습니다.

탁월한 사람이 있으면 그 사람의 영향력이 다른 사람들에게도 미칩니다. 그래서 주변에 사람을 잘 두는 것이 정말 중요하죠.

흔히 아는 사람이 많은 이를 두고 '마당발'이라고 합니다. 그러나 스마트폰에 전화번호가 입력된 사람은 그냥 알고 지내는 사람에 불과합니다. 좋은 인연을 맺은 사람은 전화번호를 아는 사람이 아니라 내게 영향력을 미치는 사람입니다. 어쩌면 인맥이란, 내가 아는 사람이 아니라 나를 아는 사람의 수가 아닐까요?

결혼식이나 돌잔치에 초대할 사람의 수, 부모님이 상을 당했을 때 문자 메시지를 보낼 사람의 수는 인맥이 아닙니다. 그 수는 가치를 나타내지 못합니다. 저는 쉽게 인연을 맺어 누군가의 인맥이 되길 원하지 않습니다. 사람의 관계는 사귄 수에 있지 않다고 생각합니다. 계 모임, 사회 모임, 동호회 모임이 많다고 해서 사람을 잘 사귄 거라 말할 수 있을까요?

저는 늘 부족하게 살아서인지 모든 일에서 리스크를 먼저 생각합니다. 또 '전 재산을 잃은 사람'의 입장에 서서 생각합니다. 그러다 보니 두 아이를 키우며 일하는 동안 사람 한 명 제대로 만나지 못했습니다. 마흔아홉 살이 되고 보니 이제 조금 사람이 뭔지 알 것 같습니다.

아무리 유명하고, 성공하고, 잘난 사람을 많이 알아도 그들이 내 사람인 것은 아닙니다. 또 그들을 안다고 해서 혜택을 받으려 해서는 안 됩니다. 가난한 마인드를 가진 사람일수록 인연을 쉽게 만들고 빨리 정리합니다. 그런 사람은 누군가를 만날 때 이득이 되면 따라붙고, 그렇지 않으면 더 이상 관계를 발전시키지 않습니다.

저는 투자자로서 많은 사람과 만나고 헤어졌습니다. 일로 만난 사이지만 인성이 드러나는 사람이 꽤 많았습니다. 본전 이상의 것을 탐하고도 그것이 미안한 일인 줄도 모른 채 그저 협상이라고 믿는 사람도 제법 있었습니다. 협상은 거래이고, 협박은 일방적인 것이죠.

보통 헤어질 때 그 사람의 인성과 인품, 인격이 드러납니다. 작게는 식당에서 주문한 음식에서 머리카락이 나왔을 때 대처하는 모습을 보면 이 세 가지가 드러납니다.

무엇을 덤으로 얻어야 만족하는 사람들이 있습니다. 그런 사람들은 늘 조심해야 합니다. 친해지면 곤란한 상황에 처할 수도 있습니다. 이혼할 때 위자료를 터무니없이 많이 요구한다거나 재산상 약자라는 이유로 강자를 협박하는 사람도 있습니다.

사장의 영업권을 운운하는 손님과 회사의 문제점을 지적하며 무언가를 더 얻어가는 종업원들이 있습니다. 그들은 자신이 가지고 있는 것에 심한 집착을 보이는 경우가 많습니다.

돈과 얽힌 모든 관계에서 지혜로운 사람은 그 이상의 돈을 다른 곳에서 벌려고 하지, 함께 가진 것에서 쪼개어 내가 더 갖고자 아등바등하지 않습니다.

그동안 헤어졌던 사람들을 생각해보십시오. 주었던 것을 빼앗은 사람, 절대 손해 보지 않은 사람, 자기 것도 아니면서 빼앗은 사람, 반대로 다 주고 간 사람이 있었을 것입니다. 시간이 지나면 그 사람이 어떤 사람이었는지 다 알 수 있습니다. 무언가를 주고 간 사람은 부자가 아니라도 인성과 인품, 인격이 훌륭한 사람입니다. 만약 지금 그런 사람과 소원해졌다면 당신은 훌륭한 사람을 잃은 것입니다.

성숙하고, 늘 발전하고, 인생의 길잡이가 되어줄 수 있는 사람이 있다면, 평생 함께 가야 합니다. 때로는 내가 손해 보고, 이따금 불편한 상황에 놓일 수 있다 해도 말입니다. 부자가 되려면 쉽게 만나고, 쉽게 헤어져서는 안 됩니다. 자기를 이끌어줄 사람을 찾아야 합니다.

다른 사람이 대신 돈을 벌어줄 수도 있고, 성공을 시켜줄 수도 있습니다. 따라서 사람을 만날 땐 공을 들여야 합니다. 관계를 잘 만들고, 유지하고, 좋은 결과를 낳기까지 정성을 들여야 합니다.

관계도 주고받음입니다. 작은 정성이 쌓여 인연이 되고, 인맥이 됩니다. 따라서 인간관계를 위해서라면 다음과 같은 습관을 들이는 것이 좋습니다. 사소하지만 관계를 더욱 유하게 이끌어갈 수 있습니다.

- 밥값을 미리 계산하라. 밥을 먼저 사는 사람이 성공한다.
- 빈손으로 다니지 마라. 집이나 차에 늘 선물이나 음료수를 준비해두어라.
- 강의를 들으러 간다면 강사 테이블에 음료수를 올려두어라.
- 마음의 선물을 하라. 친해지는 가장 쉬운 방법이다.
- 편지를 써라. 마음을 여는 가장 멋진 일이다.
- 기념품을 챙겨라. 어디서든 관심을 가지고 있다는 의미다.
- 기념일을 기억하라. 상대방에게 넣는 일종의 적금이다.

인간관계가 꼬이면 실타래를 풀듯 차근차근 풀어야 합니다. 어리석은 사람은 가위로 싹둑 잘라내버리죠. 어쩌면 그것이 가장 쉽고 빠른 방법이지만, 또 다른 귀한 인연을 만날 수 없습니다.

자신이 끝까지 베풀면 수많은 관계에서 반드시 인연이 나타나 기회를 가져다줍니다. 그 기회는 돈과 성공으로 이어지죠. 그러니 부자가 되고 싶다면 잘 베푸는 사람이 되어야 합니다.

때를 믿고 노력하라

꿈이 있는 사람은 열정이 있습니다. 그런데 좀 더 깊이 생각해보면, 세상에 열정이 없는 사람이 있을까요? 모든 사람이 열정이 있지만, 열정을 지속하는 사람은 드뭅니다. 이것이 바로 성공의 비밀입니다.

꿈이 실현되느냐, 꿈으로 남느냐는 열정의 지속에 달려 있습니다. 자기 능력을 쌓으려면 포기하지 않아야 하고, 미칠 수 있어야 합니다. 몰입해본 사람에게만 직관력이 생깁니다. 누구나 처음에는 평범하게 시작합니다. 프로가 되고 싶다면 자신의 능력 이상으로 정성을 들여야 합니다. 들인 시간에 비례해 고수가 되어가죠.

몰입해서 도전하면 이루지 못할 일이 없습니다. 다만 아무리 분석을 잘해도 거의 나중에는 영혼으로 승부해야 합니다. 머리로 승부하는 데는 한계가 있죠. 어떤 일이든 영혼을 바치면 결국에는 스스로 터득하고 깨닫게 됩니다. 그 어떤 역경이 닥쳐도 스스로 몰입해 성취한 기억이 있으면 자신을 지킬 수 있습니다. 그것은 누군가가 쉽게 무너뜨릴 수 없습니다.

노력하는 사람은 자기 능력이 빛날 때를 기다립니다. 다만 그 때는 내가 원할 때 오는 게 아니더군요. 아무리 미치도록 노력한다 해도 말이죠. 저는 늘 기다려야 했고, 그동안 쉼 없이 재능을 키웠습니다. 때와 기다림의 속성을 알게 된 후부터는 오히려 지치지 않고 미칠 수 있었습니다. 혼자 푹 빠져 공부하고 도전하다 보니 결국 때가 오더군요. 돌아보면 그 때가 저를 키워준 것 같습니다. 저는 기다림 끝에 기적 같은 운을 만나기도 했습니다.

낙담하지 않고 내 길을 부지런히 가다보면 때를 만날 수 있다는 사실을 믿어야 진짜 실력자가 될 수 있습니다.

운을 믿어라

공자께서 "운이란 내가 원한다고 오고, 가란다고 가는 게 아니다"라고 말씀하셨죠. 운이란 어떠한 상황에서도 버틸 수 있는 힘, 인간의 마지막 한 수입니다. 목숨을 잃을 뻔한 상황에서 위기를 비켜가는 일, 그런 게 진정한 운이 아닐까요?

물론 그런 천운도 있지만 가난을 극복하는 것도, 원하는 삶을 사는 것도 운입니다. 그럼 운은 특정 사람에게만 주어지는 것일까요?

저는 운이 참 좋은 사람이라고 생각합니다. 자주 어리석었지만 교훈을 얻어 발전할 수 있었습니다. 인생 초년을 불쌍하게 살

앉지만 부지런히 살았더니 많은 것을 얻을 수 있었습니다. 몸 고생은 조금 했지만 덕분에 어떻게 살아야 하는지 깨달았습니다. 일이 좀 풀려 교만과 독선 앞에 설 수 있었지만 그 길에서 돌아섰습니다. 쫄딱 망한 인생을 젊었을 때 경험해서 정말 다행입니다. 두 아이를 낳아 엄마가 되었기에 비로소 인간이 될 수 있었습니다. 인생을 돌아보면 이보다 운이 좋을 수 있을까 싶습니다.

진정한 부자는 나 하나 잘살기 위해 운을 사용하지 않습니다. 열심히 산 것을 하늘이 알고 운을 내려주었다고 생각해봅시다. 그 운을 나를 위해 몽땅 써버린다면 큰 부자가 되기 어렵습니다. 내게 주어진 운을 후대에도 물려주기 위해 노력해야 합니다. 그렇게 해야 운이 좋아하는 사람, 운이 늘 따라다니는 사람이 될 수 있습니다.

우리는 늘 소망하고 기도합니다. 하지만 그런다고 해서 모두 이루어지지는 않습니다. 매일매일 두려움과 맞서 싸우고, 어떤 장애물이 앞을 막아도 겁내지 않고 버티며 살아낸다면 운은 반드시 따라붙을 것입니다. 사람들은 그것을 '잠재력'이라 부르죠. 부자가 되고 싶다면 잠재력을 잃어버려서는 안 됩니다.

어디로 가야할지 갈피를 잡지 못하고 있다면, 나에게 꼭 필요한 사람이 누구인지 알아보고 싶다면, 다시 도전할 용기를 얻고 싶다면 보이지 않는 자신의 운을 믿어보기 바랍니다.

운은 위대한 일을 하는 사람에게만 가는 것이 아닙니다. 어떤 일이든 전력 질주한 사람에게만 가는 것도, 돈이나 명예, 성공 중

부자엄마 투자수업

하나가 꼭 필요한 사람에게만 가는 것도 아니라고 믿습니다.

여러분은 지금 어떤 운을 기다리고 있나요? 운을 기다리는 동안 어떤 사람들 속에서, 어떤 능력을 쌓고 있나요? 운은 쓰면 쓸수록 더 쓸 수 있는 기회를 줍니다. 당신은 운을 챙길 권리가 있습니다. 다만 운이란 아무런 대가 없이 공짜로 주어지지 않습니다. 그것만 잘 기억하면 됩니다.

주변을 둘러보면 운이 없는 사람들이 가진 공통점이 보입니다. 운은 어리석거나 양심이 없거나 잔인한 사람에게는 가지 않습니다. 이기심이 가득해 다른 이들을 이용하며 사는 사악한 사람에게도 가지 않습니다. 운은 아름다운 삶을 살 수 있는 사람에게 머뭅니다. 그렇게 본다면 운은 신뢰의 다른 말이기도 합니다.

7

멘토의 도움을
받아라

병아리가 알에서 나오기 위해 껍질을 쪼는 것을 '줄'이라 하고, 어미 닭이 그 소리에 반응해 바깥에서 껍질을 쪼는 것을 '탁'이라 합니다. 줄과 탁은 어느 한쪽이 아니라 동시에 힘이 일어나야 합니다. 병아리가 알 밖으로 나올 힘이 부족하거나 어미 닭이 병아리를 도와줄 힘이 부족하면 병아리는 결국 죽게 됩니다.

살아가면서 타인의 탁이 간절할 때가 있습니다. 멘토나 스승의 손길이 정말 필요한 순간이 있죠. 저는 성공할 배경을 갖추지도 못했고, 까딱하면 나쁜 길로 빠질 만한 환경에 있었지만 그때그때 삶 속에서 탁이 되어준 분들을 만났습니다.

고등학교 때는 좋은 선생님이 계셨고, 사회에 나와서는 먼저 투자의 길을 걸은 스승들이 계셨죠. 그들의 기대에 부응하기 위해 저는 힘을 냈습니다. 궁지에 몰렸을 때도, 벅차오르는 성취를 거두었을 때도 탁이 있었기에 버틸 수 있었고, 겸손할 수 있었습니다. 어쩌면 탁이 제 운명을 바꾸어놓은 것 같아요. 부모를 잘 만나는 것도 행운이지만 스승을 잘 만나는 것도 엄청난 행운입니다. 저는 그것을 '인연줄탁'이라 부릅니다.

한때 저는 세상과 미치도록 독하게 싸우면 원하는 것을 얻을 수 있을 줄 알았습니다. 물론 스스로 깨치는 과정에서 인내하는 힘이 참으로 중요합니다. 하지만 잘못하면, 아니 잘 몰라 무식하면 결국 탈이 납니다. 그럴 때는 "저쪽으로 가면 낭떠러지가 있단다"라고 말해주는 사람이 필요하죠. 그런 조언을 무시하고 자신의 판단만 믿고 뚜벅뚜벅 걸어간다면 절대 오래가지 못합니다. 불쑥불쑥 이해되지 못하는 일들이 생길 때마다 탁은 길을 알려줍니다. 열심히, 우직하게만 가면 된다고 생각한다면 큰 착각입니다.

20대는 젊어서 아쉬움도 모르고 그 시절을 보냅니다. 하지만 30대만 되어도 그 순수함을 잃고 현실에 부딪혀 갈팡질팡하죠. 마냥 부지런히만 살면 된다고 생각해서는 안 됩니다. 곧 그만둘 수도 있는 일인데 평생 몸을 바칠 것처럼 굴고 있지는 않은지, 나중에 시간을 너무 낭비했다고 후회하는 건 아닌지 잘 생각해보아야 합니다. 그래서 나보다 잘난 사람, 훌륭한 사람, 그 분야에서 업적을 이룬 사람에게 코치를 받아야 합니다. 코치를 잘 만나 현재와 미래에 더 좋은 인생 설계를 해보기 바랍니다.

경험이랍시고 헤맨 시간이 많다면 얼마나 억울한가요? 그래서 일찍 코치를 받아야 하는 것입니다. 제 생각에 30대가 가장 적합한 것 같습니다. 젊지도, 늙지도 않은 나이니까요. 만약 40대에 코치를 받는다면 정신을 더 바짝 차리고 코치의 가이드를 온전히 받아들이고 몰입해야 합니다. 40대는 양보할 시간이 없습니다. 멋모르고 혼자 잘난 줄 알면 안 됩니다.

테크닉은 혼자 연마할 수 있지만 삶은 혼자 살지 못합니다. 때론 혹독한 대가를 치러야 하죠. 자립하기에 세상은 그리 만만치 않습니다. 이런 세상에서 내게 힘이 되어줄 코치, 방향을 제시해줄 탁은 내 삶을 빛나게 해줍니다. 혼자서 걸어가면 뭔가를 잃어버리기 쉽지만, 탁이 있으면 지킬 건 지키며 살아갈 수 있습니다.

살아보면 인생의 지혜란 따로 없습니다. 비싼 돈을 치르고 배우면 됩니다. 굳이 경험해보며 시간 낭비할 필요가 없습니다. 삶 자체를 한순간도 방심하지 않는 뜨거운 선택의 연속으로 만들어야 합니다.

저는 살면서 단 한 번도 평탄한 시간을 보낸 적이 없습니다. 밥벌이의 고통, 투자자로서의 시련을 늘 안고 살았죠. 해결해야 할 일들이 늘 씨줄과 날줄처럼 촘촘히 얽혀 있었습니다. 그럴 때는 숨을 쉴 때마다 몸에서 엑기스가 빠져나가는 듯한 기분이 들었습니다. 저는 온갖 스트레스가 암 덩어리가 되어 수술실을 오가는 중에도 대출금 걱정을 했습니다. 그래도 제게는 탁이 있었습니다. 그분들 덕분에 일어서고, 또 일어설 수 있었습니다.

사실 훌륭한 멘토가 있다 해도 그들이 내 인생을 대신 살아주지는 않습니다. 사랑에 관한 좋은 조언도 막상 이혼 위기 앞에서는 통하지 않을 때가 많은 것처럼 말입니다. 그래서 좋은 탁이 있다면 스스로가 좋은 줄이 되어야 합니다.

인생은 뒤범벅된 상황들의 연속입니다. 그런 상황에서 오점을 조금이나마 덜 남기려면 줄탁이 함께 있어야 합니다. 좋은 스승이 있다면, 나답게 살기 위해 노력하는 내가 있어야 희망을 가질 수 있죠. 좋은 인생을 살고 싶다면 줄탁을 절대 놓지 말기를 바랍니다.

8

제대로 된 습관을
들여라

여러분은 오늘 무엇을 하는 데 가장 많은 시간을 썼나요? 건강해지고 싶은 마음이 컸다면 운동을 하는 데 가장 많은 시간을 썼을 것이고, 시험에서 좋은 성적을 받고 싶다는 마음이 컸다면 공부하는 데 가장 많은 시간을 썼을 것입니다. 우리는 늘 무언가를 얻기 위해 시간을 씁니다.

다른 사람들이 하는 만큼만 한다면 경쟁력이 없습니다. 무엇이든 조금이라도 이루기 위해서는 생각보다 많은 시간을 바쳐야 합니다. 이는 습관을 잘 들여야 한다는 이야기입니다.

익힐 습習에 버릇 관慣. 습관은 익혀서 버릇이 된 것을 말합니다. 오랫동안 되풀이하여 몸에 익어 행동으로 굳어진 것들 말이죠. 습관은 생각보다 쉽게 들지만, 좋은 습관을 들이기는 어렵습

　　　　　　　　　　　　　　　　　　부자엄마 투자수업

니다. 그런데 좋은 습관이 있어야 좋은 결과를 만들 수 있습니다. 사실, 습관을 바꾸기 힘들어 습관대로 사는지도 모릅니다.

퇴근 후 자신의 습관을 생각해봅시다. 돈을 벌기 위해 하루 종일 직장에서 시간을 보내고, 퇴근 후에는 어디에 시간을 쏟나요? 자신의 관심 분야에 시간을 쓰는 사람은 다른 미래를 만들 수 있습니다. 운동을 한 사람이 하지 않은 사람보다 무조건 건강하거나 오래 사는 건 아니지만, 인간의 성취는 그 결과가 단순해 예측할 수 있습니다.

퇴근 후에 회식을 하기도 하고, 쇼핑을 하기도 하고, 모임에 나가기도 할 것입니다. 아이를 돌보기도 하고, 집안일을 하는 등 가족 구성원으로서의 역할을 수행할 때도 있겠죠. 그런 시간을 제외하고 일정 시간 반복적으로 하는 중독된 습관이 있나요? 그것이 인생의 한 부분을 만듭니다.

인생은 재미없는 것을 해야 성공합니다. 술 마시고, 춤추고, 수다를 떠는 데 많은 시간을 할애하면 늙어서 더 가난해집니다. 주변을 둘러보세요. 대충 사는 사람들은 모두 이런 습관을 가지고 있습니다.

- 매일 TV를 본다.
- 책을 읽지 않는다.
- 게임을 즐긴다.
- 친구들과의 만남을 좋아한다.

- 시간을 마냥 흘려보낸다.

반대로 성공한 사람들은 이런 습관을 가지고 있습니다.

- TV를 잘 보지 않는다.
- 책을 아주 많이 읽는다.
- 아이디어를 잘 낸다.
- 유희에 쓸 에너지를 아낀다.
- 시간을 잘 활용한다.

습관은 익숙해지기 때문에 무서운 것입니다. 성공과 실패는 사실 익숙함에서 나옵니다. 지금 여러분에게 익숙한 생각, 익숙한 행동은 무엇인가요? 부자가 되고 싶다면 부자들이 하는 생각과 행동을 익숙하게 해야 합니다.

졸부와 자수성가한 사람의 생각과 행동은 다릅니다. 금수저와 흙수저도 마찬가지입니다. 가진 돈의 양만 다른 게 아니라, 습관 자체가 다릅니다. 노는 물도, 학습 분위기도 다르죠.

주변에 게으른 사람이 많으면, 게으른 습관에 자주 노출되고 여러분 역시 그런 삶에 익숙해지기 쉽습니다. 아무 동네에서나, 아무 집에서나 별 자극 없이 살면 그 누구도 여러분의 숨은 욕망을 일깨워줄 수 없습니다.

'넓은 집에서 살아보고 싶다.'

'잘사는 동네에 입성하고 싶다.'

'아이를 명문 학교에 보내고 싶다.'

이런 꿈과 야망, 욕심이 있어도 성공한 사람들과 마주할 일이 많지 않다 보니 게으른 사람들 속에서 그들의 습관을 그저 따라 하게 됩니다.

부자가 되고 싶다면 부자의 습관을, 성공하고 싶다면 성공한 사람의 습관을 배우고 따라 하며 자신의 습관으로 만들어야 합니다. 물론 그렇게 습관을 들인다고 해서 원하는 것을 무조건 얻을 수 있는 것은 아닙니다. 그럼에도 긍정적인 습관을 들이는 것은 언제나 이롭습니다.

나를 일으키는 더 나은 습관은 분명 있습니다. 과연 책 읽을 시간도 없는 사람이 10억 원을 벌 수 있을까요? 아무 목표가 없는 사람이 단시간에 1억 원을 모을 수 있을까요? 지금 내가 가지고 있는 목표는 무엇인지, 그 목표를 이루기 위해 필요한 습관은 무엇인지, 버려야 하는 습관은 무엇인지 곰곰이 생각해보시기 바랍니다.

사사로운 습관

TV를 보지 않으면서도 집에 들어오면 TV를 켜두는 사람이 있습니다. 습관적으로 TV를 보는 사람도 있죠. 이는 죄가 아니지만 그런 습관을 가지고 있으면 현재 부자는 아닐 것이고, 앞으로도 부자가 될 가능성이 적습니다.

또 스마트폰이 잠시라도 곁에 없으면 불안해하는 사람이 있습니다. 스마트폰 중독이죠. 그런 사람은 자기 자제력과 통제력을 잃어버릴 가능성이 큽니다.

TV나 유튜브를 즐겨 보면서 그곳에서 나오는 것을 따라 해보고, 따라 사고, 따라 생각하는 사람들이 있습니다. 그런 습관은 정신을 지배합니다.

부자가 되고 싶다면 습관대로 사는 일을 경계해야 합니다. 현재 나를 중독으로 이끄는 사사로운 습관은 없는지 점검해볼 필요가 있습니다.

돈 쓰는 습관

돈 쓰는 습관을 보면 그 사람의 미래를 알 수 있습니다. 습관적으로 택시를 타고, 술을 마시고, 친구를 만나고, 치장을 하는 사람은 부자 흉내를 낼 수는 있어도 실제로 부자가 되기는 어렵습니다. 그들은 책을 사는 데 큰돈을 써본 적이 없고, 무언가를 배우는 데 엄청난 돈을 들이는 걸 상상하지 못합니다.

저는 안 먹고, 안 쓰고, 안 입고 돈을 모으는 습관을 강조하려는 것이 아닙니다. 그런 습관은 현대 사회와 어울리지 않죠. 제가 말씀드리고자 하는 것은 부자들은 돈 쓰는 습관이 다르다는 것입니다. 그들은 가난한 사람들과는 다른 곳에 돈을 쓰죠. 대대로 가난한 집안과 대대로 부자인 집안은 지출 습관이 다릅니다. 이를 보면, 지출 습관은 유전이 되는 듯합니다.

나의 지출 습관을 돌아보세요. 요즘 어디에 많은 돈을 쓰고 있나요? 먹고사는 최소한의 비용 말고, 나를 위해 쓰는 돈은 얼마나 되나요? 앞으로 어디에, 어떻게 돈을 쓰고 싶은가요?

언어 습관

한때 저는 긍정의 언어보다 부정의 언어를 더 많이 썼습니다. 상황이 마음에 들지 않으니 매사 짜증이 났고, 짜증이 나니 욕도 했습니다. 그럼에도 그것이 잘못된 것인 줄 몰랐습니다.

그런데 아이들이 커가면서 제 거친 말과 행동을 따라 하는 것을 보고 충격을 받았습니다. '어릴 때 환경이 어른이 된 나를 지배하고 있었구나'라는 것을 깨닫고, 아이들을 위해 언어 습관을 고치기로 결심했습니다.

그때부터 저는 '훌륭한 딸', '사랑스러운 아들'과 같은 호칭을 사용하며 감동을 표현했고, 감사, 기쁨, 환희, 설렘, 만족을 드러내는 단어를 사용했습니다. 남들과 비교하는 말, 다른 사람들을 비난하는 말도 하지 않았죠. 그러자 저는 물론, 아이들이 점점 밝아지는 것이 느껴졌습니다.

어린 시절에 상처를 많이 받은 사람은 마음의 상처와 후회를 언어로 내뱉기 쉽습니다. 언어에는 영혼이 있습니다. 그래서 언어 수준이 높아지면 삶의 수준도 높아집니다. 자신의 언어 습관에 새롭게 다가가야 합니다. 모든 말에 사랑을 담아야 합니다.

자신의 언어 습관을 돌아보기 바랍니다. 혹 내 언어 습관이 아이들에게 대물림되고 있는 건 아닌지 관찰할 필요가 있습니다. 긍정적인 언어를 사용하면 생각도 긍정적으로 바뀝니다. 그리고 긍정적인 생각은 부를 불러옵니다.

9

지난 일은 잊고
운명에 맡겨라

예측할 수 없는 인생, 일어나지 않을 수도 있는 일에 대한 걱정 때문에 더 빨리 늙는 기분이 들지 않나요? 요즘은 일이든, 인간관계든 그 결과를 예측하기가 더욱 힘듭니다.

무조건 열심히 산다고 행복한 것도 아니고, 젊었을 때 고생을 많이 한다고 나중에 풍족하게 살 수 있는 것도 아니죠. 인간관계도 마찬가지입니다. 사랑할 때 희생했다고 그 인연과 헤어지지 않으리란 보장도 없고, 내가 진심으로 대했어도 상대는 가식이었을 수도 있죠. 심지어 가족이라고 온 마음 바쳐 잘해줘도 소용없을 때가 있습니다.

내가 열심히 살았다고 해서, 진심을 다했다고 해서, 희생했다고 해서 결과가 무조건 좋아야 한다고 생각하는 것은 어리석은 일입니다.

제가 돈을 잘 써서 인기가 좋았던 적이 있습니다. 사람들이 돈 때문에 다가온 줄도 모르고 마냥 좋아하다가 이용당하고 뒤통수를 맞았죠. 거절하지 못해 빌려주고 받지 못한 돈도 꽤 있습니다.

이런저런 경험을 하고 40대 중반이 되니 알겠더군요. 사람을 너무 쉽게 믿은 것도, 나를 따르는 사람이 많다고 함께 몰려다닌 것도, 인간관계를 넓히기 위해 애써 수많은 모임에 참석한 것도 그다지 중요하지 않았다는 사실을 말입니다. 인간관계란 늘 이렇게 지나봐야 잘 보입니다.

밤새도록 끝나지 않던 부부 싸움도 지금 생각하면 다 지나간 바람 같습니다. 아이들이 어릴 때 아이와 실랑이를 벌이며 느낀 죄책감도 마찬가지입니다. 그때는 자식을 떼어놓고 일하러 가는 제가 대역죄인이었습니다. 아이가 아픈데 일하러 가야 할 때는 정말 죽고 싶었습니다. 갑자기 베이비시터가 그만두어 당장 아이 맡길 곳이 없어 전전긍긍 불안에 떤 적도 있었죠.

너무 아픈 추억이지만 돌이켜보면 그 안에 이면이 보입니다. 이런저런 관계에서 받은 상처, 아픈 추억들을 들춰보면 내 꿈보다는 가족이나 타인의 꿈을 위해 살았던 것 같습니다. 일이 힘들어도 쉽게 사직서를 내지 못하는 이유 역시 사랑하는 사람들 때문이겠죠. 죽도록 미워하면서도 죽도록 사랑하는 일, 가족이기 때문에 가능한 거 아닐까요? 그래서 죽고 싶은 이유가 수만 가지여도 죽지 못하는 단 하나의 이유, 즉 사랑하는 사람 때문에 오늘도 살고 있는 것입니다.

우리는 사랑하는 사람 때문에 하기 싫은 일을 하면서 고민합니다. 좋아하는 일을 하면 돈이 되지 않으니 다른 선택을 할 수 없다는 걸 알면서도 고민합니다. 그렇게 또 버티며 삽니다. 그러니지금의 자신이 못마땅하다면, 한때 했던 실수 때문에 괴롭다면 그것은 사랑하는 사람과 가족을 위해서였을지도 모른다고 생각하고 놓아줍시다.

누구나 잘못과 실수를 합니다. 하지만 그건 그 당시 나름대로 최고의 선택, 최선의 판단이었을 것입니다. 여전히 후회되는 것들, 미안한 것들을 미련 없이 내려놓는 연습을 할 필요가 있습니다. 과거의 일이 훗날 쓰라린 기억으로 남아 있다면 다시는 같은 실수를 하지 않으면 됩니다.

행복했던 기억은 쉽게 잊히고, 상처는 가면을 쓰고 불쑥 튀어나와 숨을 멎게 합니다. 그러나 우리는 살아 있습니다. 어떠한 상황도 다 이겨냈기에 지금 이 자리에 서 있는 것입니다.

죽을힘을 다해 살았지만, 아무런 성과가 없다고 실망하지 마세요. 지금부터라도 과거를 돌아보고, 허비한 것이 무엇인지 생각하며 살면 되니까요. 버틴 시간을 다 보상받지 못했다는 생각이 드나요? 우리에게는 살아 있는 것 자체가 보상입니다.

제가 이른 나이에 죽음 앞에 서보니 지금까지 경험한 일들이 모두 별것 아니더군요. 비가 온 뒤에야 무지개를 볼 수 있습니다. 아직 제가 살아 있는 것은 두 아이를 좀 더 돌보고 오라는 신의 뜻이라고 생각합니다.

인생은 찰나의 순간입니다. 여러분의 나이가 몇이든 부디 절망하지 말고 하루하루를 살아나가길 바랍니다. 혼자 비참하다고, 혼자 억울하다고 생각하지 않길 바랍니다. 죽는 날까지 가족을 위해 살다 간 부모가 얼마나 많을까요? 우리가 할 수 있는 것은 살아내는 일입니다. 부모로서 더 강하고, 단단하고, 튼튼하게 살아나가도록 합시다.

인생은 짧습니다. 별것 아닌 일에 시시비비하지 말고, 꿈 앞에서 도망가지 말고, 절망 앞에서 숨지 말고 신이 준 시간, 신이 준 기회를 잡으며 하루하루를 살아나가도록 합시다.

10

적자생존,
적어야 산다

저는 중학교 1학년 때부터 일기를 쓰기 시작했습니다. 누가 시켜서가 아니라, 그냥 쓰고 싶어서였습니다. 그렇게 한 권, 두 권 쌓인 일기장들이 이제 제 앉은키를 넘어섰습니다. 두 아이를 낳은 뒤에는 매일 육아 일기, 양육 일기를 썼습니다. 잠을 줄여가며 아주 사사로운 일들까지 기록했죠.

이제 그 일기장들은 제 재산과 다름없습니다. 일기는 일기로 끝나는 게 아니라 기록이며 사랑입니다. 그 기록은 성장이며 반성이죠. 어릴 때 그냥 쓴 것인데, 지금 읽어보면 깜짝깜짝 놀랄 때가 있습니다. 그럴 때면 '글이란 게 참 무섭구나' 싶죠. 제 일기 속에는 어머니를 떠나보내고 전학을 4번이나 하며 따돌림을 당한 소심한 아이도 있고, 캄캄한 기숙사 독서실에서 혼자 불을 켜고 일기를 쓴 소녀도 있습니다. 부끄럽지 않게 치열하게 산 엄마도 있고, 쫄딱 망한 남편을 죽어라 원망한 아내도 있습니다. 제 일기에는 기쁨, 행복, 슬픔, 원망 등 다양한 감정이 담겨 있지만 슬픔보다는 한 인간이 성장하며 겪은 기쁨이 더 많습니다.

저는 35년째 일기를 쓰고 있습니다. 기록에는 방향이 남아 있고, 생각마다 노력이 묻어나더군요. 그래서 적자생존, '적어야 산다!'는 것을 느낍니다.

일기를 쓰든, 메모를 적든 자신의 삶과 생각을 기록하려 애써야 합니다. 지금까지 써온 일기들을 살펴보며 불행도, 인생의 오류도 사랑해야 한다는 것을 알았습니다.

저는 일기를 통해 과거보다 오늘이 값지고, 오늘보다 내일이 더 희망적일 수 있음을 느낍니다. 아주 사소하더라도 자기 스스로에게 격려의 글을 남겨보세요. 더 나은 삶을 살아가는 데, 자신과 더 가까워지는 데 도움이 될 것입니다.

《메모의 기술》의 저자 사카토 켄지는 이렇게 말합니다.

'기록하고 잊어라.'

메모로 옮겨놓고 잊을 수 있는 기쁨을 만끽하며 머리를 항상 창의적으로 쓰는 사람이 성공한다고 합니다. 우리 기억에는 한계가 있으니까요.

많은 사람이 나이가 들어보니 머리 좋은 사람보다 머리숱 많은 사람이 부럽고, 기억력 좋은 사람보다 메모 잘하는 사람이 더 믿음이 간다고 말합니다. 저는 적고, 또 적어 머리가 부지런한 사람보다 손이 부지런한 사람으로 남고 싶습니다.

한 기자가 아인슈타인에게 전화번호를 묻자, 아인슈타인이 수첩을 꺼내 전화번호를 찾았다는 일화가 있습니다. "설마 전화번호도 기억하지 못하시는 건 아니죠?"라는 기자의 질문에 아인슈타인은 의미심장하게 대답했습니다.

"전화번호 같은 건 기억하지 않습니다. 적어두면 쉽게 찾는 걸 굳이 뭣 하러 머릿속에 기억해야 합니까?"

우리는 살아가면서 대수롭지 않은 것들을 기억하고, 그것을 반드시 저장해야 한다고 생각합니다. 창의력을 발휘하기 위해선 머릿속 공간 정리가 필요한데 말이죠. 머리는 기억하는 기능보다 생각하는 기능이 우선되어야 합니다.

이때 메모는 충분한 가치를 만들어냅니다. 메모하는 습관은 사람의 인생을 바꾸어놓을 만큼 영향력이 큽니다. 저는 스마트폰 없이는 살아도 수첩 없이는 살 수 없습니다. 제가 만난 사람들, 그 사람들과의 대화 내용이 모두 수첩에 적혀 있죠. 또 오늘 반성해야 하는 일, 실수한 일 등이 모두 적혀 있습니다.

물론 요즘에는 스마트폰으로도 이 모든 걸 기록할 수 있습니다. 디지털 방식으로 기록하든, 아날로그 방식으로 기록하든 자기가 편한 방법을 선택하면 됩니다. 중요한 건 값진 기록들을 다시 꺼내 살펴보아야 한다는 것입니다. 그런 시간들이 나를 성장시키고 반성하게 돕죠.

메모를 하는 데 특별한 방법과 기술이 필요한 것은 아닙니다.

순간 떠오르는 것을 낚아채는 것이 중요합니다. 순식간에 떠오른 생각을 무조건 빨리 기록해야 합니다. 그리고 그것이 습관이 되어야 합니다.

메모는 크게 개인의 역사, 그 사람의 인생의 발자취입니다. 그 사람의 인생이 모두 그 안에 담겨 있습니다. 그런데 생각해보세요. 우리는 어디에서나 늘 메모를 할까요? 유흥을 하는 곳에서는, 도박을 하는 곳에서는 메모를 할 수 없습니다. 메모왕이 되면 메모를 할 수 있는 곳으로 가게 되더군요. 그런 면에서 보면 메모는 라이프스타일까지 바꾸어놓습니다.

게다가 메모는 기억보다 힘이 강합니다. 숨은 뇌 세포 기능을 최고로 이끌어내죠. 결국, 적는 자가 살아남습니다.

11

관계, 시간, 공간을
정리 정돈하라

보통 정리 정돈이라고 하면 내 책상, 내 방, 나아가 내 집의 살림살이가 얼마나 깔끔한가를 두고 이야기합니다. 하지만 정리 정돈은 그 정도의 단순한 개념이 아닙니다. 부자가 되려면 크게 세 가지 정리 정돈을 잘해야 합니다. 그것은 바로 관계 정리, 시간 정리, 공간 정리입니다.

관계 정리

재테크 공부는 현실을 직시하는 것에서부터 시작합니다. 부자가 되려면 가장 먼저 내 몸값을 알아야 합니다.

우선 커피값을 생각해볼까요? 커피값에도 내 몸값이 들어 있습니다. 월급을 많이 받는데도 자본주의 사회에서 살아남지 못하는 현실적인 문제를 커피값으로 풀어볼 수 있습니다.

월급이 300만 원이라면, 하루에 10만 원을 버는 것이고, 이를 24시간으로 나누면 한 시간에 4,166원을 버는 것입니다. 돈의 액수 자체는 아르바이트 임금보다 높지만 시급으로 따지면 이렇습니다.

실제 월급을 받는 회사원의 삶의 패턴을 살펴볼까요? 300만 원의 월급을 받는 나경제 씨는 토요일에 세 명의 동창을 만나 9,000원짜리 칼국수와 5,000원짜리 커피를 샀습니다. 값을 계산해보면 다음과 같습니다.

- 칼국수 9,000원×3=27,000원
- 커피 5,000원×3=15,000원

그리고 들인 시간은 이렇습니다.

- 소비 이동 시간: 1시간
- 식사와 커피를 마시는 데 들인 시간: 2시간

즉 3시간을 시간값으로 들였습니다. 3시간의 시간값은 12,498원(4,166원×3시간)이죠. 이 시간값에서 그날 지출한 금액을 빼면 마이너스입니다.

12,498원-(27,000원+15,000원)=-29,502원

이는 가처분소득이 마이너스라는 이야기입니다. 이 결론을 돈을 쓰지 말라는 의미로 받아들여서는 안 됩니다. 돈 버는 시스템을 만들어놓은 뒤 그 돈으로 소비해야 한다는 것을 말씀드리고 싶습니다. 그럴 수 있다면 365일 중 200일을 외국에서 살다 와도 돈의 가치는 보전됩니다.

깊이 생각해보면 가난할수록 수입보다 지출이 큽니다. 또 월급을 받다 보니, 주말과 공휴일에 쉬어도 월급이 커버해준다고 믿습니다. 그래서 아르바이트도 하지 않고 걱정 없이 쉬며 힐링할 수 있는 것입니다. 이는 가난한 사람들이 빠지기 쉬운 함정입니다. 이런 계산도 해볼 수 있죠. 쉬는 날 자신이 쓴 커피값을 계산해보세요.

점심 식사를 마친 한 회사의 사장님이 커피 자판기 앞에서 부장, 과장, 대리, 인턴과 마주쳤습니다. 사장님은 인턴에게 1,000원을 주고 커피 다섯 잔을 부탁했습니다. 커피 한 잔 가격은 200원입니다. 이 중 사장님의 커피값은 얼마일까요? 한 잔에 200원이니 200원이라고요?

이런, 오답입니다. 만약 이 질문에 1만 원 이상의 액수를 제시하지 못했다면 당신은 부동산 투자에 성공한 적이 없거나, 부동산 투자에 대해 전혀 모르거나, 사장이었던 적이 한 번도 없을 것입니다. 사장님의 커피값도 앞서 나경제 씨처럼 계산해보면 답을 알

수 있습니다.

한 달에 1억 원을 버는 사람
하루에 1억 원을 버는 사람
1시간에 1억 원을 버는 사람

얼마를 버느냐에 따라 브랜드가 다른 사람이 됩니다. 부동산
의 입지적 가치와 같죠. 커피값의 차이를 잘 살펴보면 몸값을 올
리는 것이 결국은 최고의 투자라는 사실을 알 수 있을 것입니다.
몸값이 높으면 그 사람은 걸어 다니는 기업이 됩니다. 그래서 부
자 레슨에서는 커피값 계산부터 하게 합니다.
결론적으로, 우리는 몸값을 올리는 투자를 해야 합니다.

하루에 1억 원을 버는 사람의 1시간=4,166,666원
하루에 1천만 원을 버는 사람의 1시간=416,666원
하루에 100만 원을 버는 사람의 1시간=41,666원
하루에 10만 원을 버는 사람의 1시간=4,166원

자기 몸값을 계산해보면, 불필요한 관계들이 자연스럽게 정리
됩니다. 비로소 시간의 가치가 눈에 보이기 때문이죠.

시간 정리

부자가 될 수 있는 가장 빠른 방법은 돈을 주고 시간을 사는 것입니다. 돈을 주고 시간을 사는 사람은 부자이고, 시간을 주고 돈을 받는 사람은 월급쟁이입니다.

자본주의 사회에서 사장은 직원에게 돈을 주고 노동력을 삽니다. 그것이 값비싼 노동력이냐 값싼 노동력이냐의 차이일 뿐, 돈으로 노동력을 사는 것은 같습니다.

월급은 시간을 내주고 노동한 대가로 받는 것입니다. 사장은 직원에게 일한 만큼, 그만두지 않을 만큼 돈을 줍니다. 즉 돈을 주고 그 사람의 최대 가치를 뽑는 것이죠.

사장과 월급쟁이의 차이를 아시겠습니까? 둘의 가장 큰 차이는 한 사람은 시간이 돈을 벌어준다는 사실을 잘 알고 있고, 다른 한 사람은 모른다는 것입니다.

우리 삶을 들여다봅시다. 우리 인생을 100으로 나누면, 33년은 취침하고, 33년은 일하고, 33년은 자신의 시간을 가집니다. 자신의 시간은 인생 중 3분의 1에 불과하죠. 물론, 이런 배분도 가능합니다.

 - 취침 23년, 노동 43년, 33년 자신의 시간
 - 취침 43년, 노동 33년, 23년 자신의 시간
 - 취침 33년, 노동 23년, 43년 자신의 시간

여러분은 시간을 어떻게 배분해 사용하고 싶은가요? 시간은 자신이 주도권을 잡고 통제할 수 있는 영역입니다. 100년을 나누어 환산해보세요. 지금껏 살아온 자신의 시간을 정리해보세요. 커피값이 비싼 사람의 시간을 산 적이 있나요? 노동력을 싼값에 팔며 살지는 않았나요?

평소 자신의 시간을 계산해봅시다.

- 취침 시간

- 식사 시간

- 출퇴근 시간

- 미팅 시간

- 각종 모임에 참석한 시간

- 공부한 시간

- 운전한 시간

- 책 읽은 시간

- 책 고르는 데 쓴 시간

- 세수, 목욕 시간

- 화장, 머리 손질 등 미용에 투자한 시간

- 여행 다닌 시간

- 아이들과의 대화 시간

- 남편과의 대화 시간

- 거울 본 시간

부자엄마 투자수업

- 커피 마시는 데 쓴 시간
- SNS에 쓴 시간
- 아무것도 하지 않은 시간
- 텔레비전이나 스마트폰을 본 시간

엑셀을 활용하면 자신이 어디에 시간을 사용했는지 더욱 구체적으로 정리할 수 있습니다. 이를 통해 자신의 몸값이 얼마인지 확인해보고, 시간값을 올리는 삶을 살도록 노력해야 합니다.

마트 등에서 무언가를 무료로 나눠 준다고 해 줄을 서본 적이 있나요? 그 시간을 돈으로 환산해보세요. 부자들은 그런 곳에 줄을 서지 않습니다. 자신의 시간값이 높으니까요.

그렇다면 많은 사람이 시간을 민감하게 생각하지 않는 이유는 무엇일까요? 자본주의 부가가치 창출에 대해 교육을 제대로 받지 못했기 때문입니다.

종종 백화점에서 30만 원 이상 구매한 고객에게 15,000원짜리 상품권을 준다고 마케팅하는 경우가 있습니다. 이때 고객들은 15,000짜리 상품권을 받기 위해 꼭 필요하지도 않은 물건을 구매합니다. 그리고는 상품권을 받았으니 합리적인 소비를 했다고 만족해합니다.

마찬가지로 백화점에서 10만 원 이상 사용한 영수증을 가지고 11층으로 오면 주방 세제를 준다고 마케팅하는 경우가 있습니다. 이때도 많은 사람이 11층으로 가 주방 세제를 받고 합리적으로 공짜 물건을 얻었다며 기뻐합니다. 11층으로 가는 시간값보다 세제값이 더 비싸다면 물론 현명한 선택을 한 것이겠죠. 하지만 부자들은 굳이 11층까지 가지 않습니다. 세제값보다 자신의 시간값이 비싸다고 생각하기 때문입니다.

이번에는 마트에서 카트 한가득 장을 보았다고 가정해봅시다. 결제를 한 뒤 집에서, 혹은 주차장에서 영수증을 다시 살펴보니 어떠한 물건에 할인 적용이 되지 않았다면 여러분은 어떻게 하시겠습니까?

부자는 시간을 들여 되돌아가 교환 혹은 환불을 하지 않고, 다시는 같은 실수를 하지 않겠다고 결론 내립니다. 물론 가격 정정을 하는 것이 나쁜 건 아니지만, 시간을 빼앗기는 것이 화나는 일이라고 생각하기 때문입니다.

부자가 되고 싶다면 더 이상 사사로운 것에 에너지를 쏟지 말고, 그 시간에 자신의 몸값을 올려 시간값을 더 비싸게 만드는 것이 현명하지 않을까요?

공간 정리

부자들이 넓은 공간을 원하는 이유는 무엇일까요? 부자들은 왜 넓은 집을 소유하려고 할까요? 부자들이 가진 집의 개념에 대해 알아봅시다.

부자는 더 많은 돈을 지불하고 공간에 가치를 부여합니다. 이는 돈이 자신의 삶에 윤택한 환경을 제공하는 데 기여해야 한다는 사람의 욕망을 적나라하게 보여주죠. 인간의 욕망을 채우는 것에는 좋은 위치의 집은 물론, 넓은 집이 주는 서비스도 포함됩니다.

넓고 쾌적하고 뷰가 좋은 집은 공간적 여유를 제공합니다. 이 여유를 누리기 위해 부자들은 돈을 투자하고 그것을 지키려 하죠. 이를 좀 더 자세히 이해하려면 공간의 정리에 대해서도 알아야 합니다.

여러분은 정리와 정돈의 차이를 알고 계시나요? 쉽게 말해 정리는 버리는 일, 정돈은 용도를 구별하는 일입니다. 우선 부잣집은 집 자체가 그냥 인테리어입니다. 너무나 잘 정리되어 있죠. 하지만 가난한 집은 집이 터질 듯 쌓고, 쌓고, 또 쌓아둡니다. 즉 정리가 되어 있지 않습니다.

무언가를 잘 버리지 못하는 사람들이 있습니다. 아마도 아까워서겠죠. 반대로 잘 버리는 사람들은 정리를 하면 공간도, 마음도 가벼워진다고 생각합니다. 우선 여러분의 옷장을 살펴볼까요? 입지도 않으면서 5년 전, 10년 전에 산 옷을 그대로 가지고 있지는 않나요? 싱크대는 어떤가요? 고물상에 있는 것이 더 어울릴 만한 오래된 반찬통 등이 가득 쌓여 있지는 않나요? 잘 버리지 못하는 사람들은 무언가를 계속 소유해야 마음이 편하다고 이야기합니다. 버리지 못하는 것도 병입니다. 이 병은 사람을 점점 더 가난하게 만듭니다.

서류 하나 찾으려면 땀을 흘려야 할 정도로 책상 정리가 잘 되어 있지 않은 사람은 정신도 혼란스러워 일을 잘하지 못합니다.

반대로 일을 잘하는 사람은 자신의 물건을 정확하게 정리합니다.

화장대, 옷장, 서재 등 자신의 공간이 너저분한 상태라면 지금 당장 정리를 해봅시다. 다음에 다시 사야 하는 일이 생기더라도 지금 당장 쓸데없다고 생각되는 것들은 과감하게 버려야 합니다. 제대로 정리하지 못하면 정신도 소란합니다.

생각이 심플한 사람들은 하드웨어도 정리를 잘합니다. 정신이 깔끔하면 창의력이 좋아져 새로운 아이디어도 잘 생각해냅니다. 사물의 정리와 정신의 정리는 맥락이 같습니다. 즉 잘 버리고, 잘 비우는 것이 중요합니다. 어느 정도 정리가 됐다면 그 다음에는 정돈을 해야 합니다. 각 사물의 용도에 맞게 제대로 구별할 줄 알아야 하죠.

물건 정리 정돈을 잘하는 습관은 생각 정리 습관으로 이어집니다. 정리 정돈은 두뇌의 시냅스 연결망을 더 촘촘하고 안전하게 해주며, 정신을 더 맑게 만들어줍니다.

아까워서 버리지 못하는 것은 인색하다는 뜻입니다. 인색과 절약은 다릅니다. 절약이 써야 할 곳과 쓰지 말아야 할 곳을 정하는 것이라면, 인색은 써야 할 곳에도 아예 쓰지 못하는 것입니다. 가진 것에 집착이 심해지면 별것 아닌 것도 정리하지 못합니다. 그것이 이어지면 계속 가난해지는 것이죠.

만약 이사 준비를 하고 있는데 잡동사니가 많다면 이렇게 생각해보세요.

'이걸 부자에게 주면 가져갈까?'

'NO'라는 답이 나온다면 아까워하지 말고 버리세요. '새집에 가서 새 물건을 사겠다!'라고 마음먹으세요. 이렇게 사물과 정신에 에너지가 원활하게 흘러야 부가 만들어집니다.

12

이름값하며
살아라

건물에도, 사람에도, 돈에도 이름이 있습니다. 이름은 참 묘합니다. 내 것인데, 남이 더 많이 부르죠. 또 이름에는 값이 붙습니다. 과일도, 차도 이름에 따라 값이 매겨집니다. 그렇다면 사물에만 값이 붙을까요? 사람에게도 사람의 값, 즉 이름값이 있습니다.

물론 일부러 이름을 남기지 않는 사람들도 있습니다. 익명으로 사회에 무언가를 기부하는 사람들이 그렇습니다. 그런데 사실 그런 사람들이야말로 이름값이 높은 사람입니다.

돈을 쓰는 것을 보면 사람의 이름값이 드러납니다. 스타벅스 커피는 아무렇지 않게 사 마시면서 불우한 이웃을 위한 모금은 아깝다고 생각하는 사람들이 있습니다. 대부분의 사람이 자신의 마음이 가는 곳에 돈을 씁니다. 자신을 치장하는 데 돈을 쓰는 사람이 있고, 건물을 짓는 데 돈을 쓰는 사람이 있고, 빚을 갚는 데 돈을 쓰는 사람이 있습니다.

저는 이름값을 하며 살고 싶습니다. 술 마실 돈을 책 사는 데 쓰고, 자기 옷을 살 돈으로 사랑하는 사람을 위해 쓰면 이름값이 높아집니다.

주위를 둘러보면 사회적 지위와 명성을 가지지 않았지만 자기 이름값을 하며 살아가는 사람이 많습니다. 크게는 고아원, 양로원 등에 소리 없이 기부하는 사람들, 작게는 과일 한 봉지 사서 소방서 앞에 놓아두고 가는 사람들이 그렇습니다.

아무 의미 없이 몇 만 원을 대수롭게 쓰는 사람이 아니라 남을 위해 돈을 쓰는, 이름값하며 사는 사람을 닮아가기 바랍니다.

나는 어떤 사람이 되어 있을 것인가?

우선 A4 용지나 노트를 준비합니다. 그리고 다음 질문에 대한 답을 적어보기 바랍니다.

1. 직장을 그만두기 위해 지금 무엇을 배우고 있는가.

2. 드림팀이나 드림워커들과의 교류를 만들었는가.

3. 당신의 드림팀 리더는 어떤 사람인가.

4. 흔한 열정 말고 명확한 비전을 가지고 있는가.

5. 돈을 모으는 목적에 맞는 사회 후원금은 몇 퍼센트로 할 것인가.

6 상속이나 증여에 대한 구체적인 계획은 언제 세울 것인가.

7. 자녀에게 재정적인 롤모델을 만들어주었는가.

8. 양가 부모님의 노후자금과 장수 리스크 계획은 어떻게 준비할 것인가.

9. 은퇴 후 삶의 재정 계획은 어떤 방법으로 준비할 것인가.

10. 가족 구성원의 사업계획서는 어떻게 만들 것인가.

11. 당신 인생에서 반드시 이루어야 할 세 가지는 무엇인가.

12. 당신의 돈 버는 시스템 구축은 언제 완성되는가.

13. 당신의 개인적 성공 코치와 얼마나 자주 교류하는가.

14. 당신의 꿈은 사회에 어떤 영향력을 미치는가.

15. 당신 집안의 가훈은 무엇인가.

돈의 주도권을
잡길 바란다면

저는 박경리 선생님의 대하소설《토지》를 스무 살 때부터 5년
에 한 번씩 정독했습니다. 영토 확장 스토리는 단번에 제 마음을
사로잡았죠. 여주인공 '서희'는 저의 우상이었습니다. 그녀에게
매료되어 그녀를 벤치마킹했고, 이제는 제 운명이 되었습니다.

고등학교 3학년 때 학교 강당에서 단체로 관람했던 영화 〈바
람과 함께 사라지다〉도 제 인생을 바꾸어놓았습니다. 영화를 보
는 내내 온몸에 깊은 전율이 일었습니다. 이 영화에 유명한 대사
가 나오죠.

"내일은 내일의 태양이 뜨겠지."

저는 영화의 여주인공 스칼렛 오하라처럼 강해지고 싶었습니
다. 그녀는 제가 모진 세월을 견딜 수 있는 힘이 되어준 저의 롤모

델입니다. 저는 롤모델을 통해 '돈 버는 일은 똑똑하다고 잘하는 것이 아니다'라는 사실을 깨달았습니다. 똑똑하지 않아도 방향만 잘 잡으면 가능하더군요.

하수들은 투자를 하기 전에 계산기를 두드리지만 고수들은 순간적인 판단을 내립니다. 감각이 자라면 판단력을 뛰어넘기도 합니다. 감각이 머리를 이길 때가 많죠. 부를 어떻게 일구며 살았는지는 지금까지 얼마를 벌었는지를 보면 됩니다. 그것만이 팩트입니다. 운 역시 중요합니다. 에너지를 쏟아부어 운이 따라붙게 해야 합니다. 운은 의지와 열정, 지식으로 모자라는 부분을 메워줍니다.

저는 재테크를 '반찬값을 마련하는 일', '잠시의 이벤트'로 치부하는 사람들을 많이 보았습니다. 그런 사람들은 절대 부자가 될 수 없습니다. 그런 사람일수록 열심히 돈 공부를 하지 않죠.

이제 선택을 내릴 시간입니다. 두 갈래 길이 있습니다. 여러분은 부자엄마가 되는 길로 나아갈 것입니까, 아니면 그냥 살던 대로 살 것입니까? 이 책을 읽으신 분들은 가난한 마인드를 끊어내고 새로 태어나야 한다는 사실을 깨달았을 것입니다.

새로운 길에 희망이 있고, 운도 따릅니다. 저는 여러분이 현명한 판단을 내리실 거라 굳게 믿습니다.

부자엄마의 2021 투자 제안

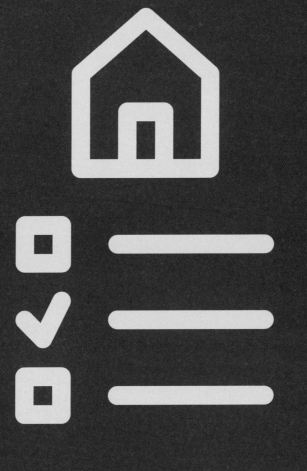

안전한 투자가 답이다

여러분의 소망은 무엇인가요? 저의 소망은 세 가지입니다. 첫째, 건강하게 나이 들기, 둘째, 마음 편안하게 살기, 셋째, 내 경험을 토대로 다른 사람들을 안전하게 인도하기가 바로 그것이죠.

저는 20~30대 때 부동산 가격 요동에 촉각을 곤두세우고 있느라 늘 심리적으로 불안한 상태였습니다. 가지고 있던 부동산이 많아 마음 편히 놀러 다니지도 못했습니다. 어딜 가려고 하면 꼭 임차인에게 연락이 와 하자, 보수 등의 일을 처리해주어야 했죠. 사람은 편히 마음을 내려놓지 못하는 나날들을 보내면 건강을 잃게 됩니다. 그것이 지속되면 가정불화가 생길 수도 있죠.

행복하게 살기 위해 부동산 투자를 하는 것인데, 건강을 잃으면 아무 소용이 없습니다. '열심히 공부해서 은퇴자금을 마련해야

지', '자식들에게 집 한 채 정도 물려줘야지' 정도의 마인드면 어떨까요? 그럼 하고 싶은 일을 하며 삶을 즐기며 살 수 있지 않을까요? 투자는 행복하기 위해, 지금보다 조금 더 행복해지기 위해 하는 것이라는 사실을 잊지 말아야 합니다.

솔직히 이제 부동산 투자는 노후 투자용으로 생각하는 게 좋습니다. 천천히 오르더라도 나중에 내가 살 수도 있다고 생각되는 안전한 곳에 투자해야 합니다. 아무래도 투자의 시작은 땅이나 상가보다 작은 아파트가 낫겠죠?

요즘 제가 제안하는 것은 '잃지 않으면서도 행복한 투자의 로드맵을 갖자!'입니다. 여기에는 현시점에만 통하는 분석도 들어 있고, 시간이 흘러도 언제나 통하는 투자 원칙도 들어 있습니다. 잘 살펴 본인만의 투자를 해나가길 바랍니다.

투자는 빨리 시작할수록 좋다

언제 부동산 투자를 시작하는 것이 가장 적합한지 물어보시는 분들이 많습니다. 그럼 저는 늘 이렇게 대답합니다.

"빠를수록 좋습니다."

여유가 있다면 아이가 태어나고 첫돌에 2천만 원, 10세가 되기 전이나 때를 놓쳤다면 20세에 5천만 원, 그 이후에라도 미래 투자의 총알이 될 수 있도록 힘을 실어주세요. 놀랍게도 부동산 투자를 시작하기 가장 좋은 나이는 첫돌입니다. 이때 현금 2천만 원으로 부동산 투자를 시작해주면 됩니다.

전세를 부채로 활용한 아파트 갭 투자도 나쁘지 않고, 멀리 보고 상대적으로 가격이 싼 농지나 임야 같은 땅에 투자하는 것도 나쁘지 않습니다. 단, 이왕이면 개발 방향이 서 있어 장기 투자가 가능한 지역이 좋겠죠? 그런 땅을 매입해두면 부자로 올라가는 사다리 역할을 해줄 것입니다. 저는 형편도 되지 않았지만 가르쳐 준 사람도 없어 그렇게 하지 못했습니다.

아이가 어릴 때부터 부동산을 알게 하는 것이 좋습니다. 자연스럽게 그런 환경에 노출되면 눈이 생깁니다. 국민으로서 자신의 권리를 갖는 법을 가르치고, 자기 용돈을 모아 세금을 내보도록 하는 것도 좋은 경험입니다. 납세의 의무를 배우면 향후 투자자로서 소득에 대해, 세금 부분에 대해 일찍 깨우칠 수 있습니다.

부자가 되는 또 다른 방법은 부동산 관련 학과에 입학하는 것입니다. 세무, 회계, 건축, 토목, 조경, 지적, 측량, 경영, 감정, 법무 등을 배워두면 나중에 직업으로 선택하지 않더라도 부동산 투자를 하는 데 큰 도움이 됩니다. 전공으로 선택하는 것이 부담스럽다면 복수전공을 하는 것도 나쁘지 않겠죠?

공부를 하다 보면 자신의 적성에 맞는 분야를 발견하게 될 것입니다. 그럼에도 각 분야가 톱니바퀴 돌아가듯 맞물려 돌아가며 시스템화가 되기 때문에 되도록이면 다양한 분야를 넘나드는 것이 유리합니다.

전공을 자신의 투자에 적용시키면 부자로, 자수성가로 가는 하이패스가 될 수 있습니다. 저는 부동산만으로 학사, 석사, 박사 학위를 취득했지만, 전공과 관계없는 과목의 이론과 원론을 공부하는 것도 좋습니다. 그런 공부는 자신의 진로와 아이들의 진로에 영감을 줄 수 있을 것이라 확신합니다. 이런 노력이 다른 사람들보다 안정적으로 살아가는 데 바탕이 됩니다.

자신의 경제적 자유와 안정으로 가는 가장 빠른 길은 부자가 되는 것입니다. 저는 이 사실을 깨닫기까지 30여 년이 걸렸습니다. 돈 공부에 한참 빠져 있다면, 월급쟁이로 사는 일에 지쳤다면 이 길을 선택하세요.

경제 교육을 실천으로 옮겨 식구 수대로 투자를 한다면 경제적 자유를 얻는 것은 물론, 돈 버는 시스템을 만들 수 있습니다. 시도하는 것이 두려울 수도 있지만 어릴 때부터 부와 성공으로 가는 토대를 마련해준다면 그것이 가장 올바른 조기 교육이 아닐까요?

많은 사람이 성공하고 싶어 초중고를 거쳐 대학교 전공 공부를 할 때 부자는 부동산 투자와 현금 흐름을 공부합니다. 누구나 배우고 싶어도 배울 수 없는 인생의 중요한 부분을 먼저 선점하고 시작하는 셈이죠. 좋은 부모, 현명한 부모가 되는 방법, 자식을 훌륭하게 키우는 가장 멋진 방법은 이쪽이 아닐까 싶습니다.

아이가 어릴 때부터 모아온 돈은 시드머니가 되어 돈 버는 씨앗이 되는 투자를 시작할 수 있습니다. 그 돈은 나중에 사업가가 되려 할 때 사업자금이 될 수도 있고, 건물주가 되려 할 때 투자 밑천이 될 수도 있습니다.

이런 것들은 학교에서 가르쳐주지 않습니다. 어떤 학교에서도 사업가와 건물주를 키워주지 않습니다. 경제적 자유가 있으면 자신이 좋아하고 하고 싶은 일을 하며 살 수 있습니다.

부모로서 자식의 성공을 돕고 싶다면 무작정 공부만 생각할 것이 아니라 마인드를 바꿔 경제적 독립을 가르쳐야 합니다. 부동산 투자에 대해 알려줘야 합니다.

　앞서 이야기했듯 투자는 빨리 시작할수록 유리합니다. 그에 따른 결과는 무조건 성공일 수밖에 없습니다. 지금 이 시간에도 부자엄마는 아이들에게 재산과 자산, 투자에 대해 가르치고 있습니다. 여러분도 더 늦기 전에 빨리 시작해 기회를 잡으시기 바랍니다.

1억 원을 굴려
12억 원을 만들 수 있을까?

여러분은 한 달에 어느 정도의 돈이 있으면 행복한 노후를 보낼 수 있을 것이라고 생각하나요?

지금 여러분이 30세라고 가정해봅시다. 매월 500만 원이 필요하다면 연 6천만 원이 있어야 합니다. 10년이면 6억 원이죠. 만약 80세까지 거뜬히 산다면 은퇴를 언제쯤 하게 될까요? 여기에서는 60세라고 가정하겠습니다. 60세에 은퇴하면 80세까지 20년을 살아야 합니다. 총 12억 원이 필요하겠군요.

현재 30세인 당신이 부동산 투자로 1억 5천만 원을 가지고 있다면, 10년마다 좋은 물건으로 갈아타 60세에 12억 원 가치의 재산을 만들 수 있습니다. 이것이 제가 제시하는 독특한 투자 계획서입니다(10년에 값이 두 배로 오른다는 가정).

만약 30세에 1억 5천만 원을 가지고 있다면, 볍씨로 밥해 먹지 말고 심으란 소리입니다. 이런 자금 계획은 부동산만이 가능합니다. 6대 광역시 역세권 아파트는 10년 만에 모두 더블을 기록했습니다.

저는 되도록이면 빨리 묻어서 사고팔라고 가르칩니다. 플랜을 짜고 시작하면 반드시 됩니다. 평생 집을 두세 번 산다면 재테크를 포기하는 것입니다. 세금을 물더라도 1년에 한 번씩 사고팔아야 남는 것이 있고, 투자의 감을 잃지 않을 수 있습니다.

기억하세요. 절세는 재테크가 아닙니다. 양도세가 무서워 아무것도 하지 않고 3천만 원을 포기할 건가요, 1년에 양도세 7천만 원을 내고 3천만 원을 벌 건가요? 스스로 공부해서 판단해야 합니다.

재테크는 평생 해야 합니다. 솔직히 위험한 시장이기 때문에 잘못하면 사기를 당할 수도 있습니다. 우선은 '1년에 하나씩 사고 판다'라고 생각하고 조사를 해보기 바랍니다. 이것이 오래 사는 일이 재앙이 되지 않는 확실한 투자법, 꿈을 현실로 만드는 투자법입니다.

여러분은 1억 5천만 원이 있으면 어디에 첫 투자를 할 것인가요? 이는 스스로 정해야 합니다. 입소문이나 '카더라'에 의지하는 투자는, 누군가가 골라주는 투자는 자기 투자가 아닙니다. 그렇게 시작하면 결코 기회를 잡을 수 없습니다. 급매가 나왔다고 좋다며 선택하기 전에 급매의 기준을 파악하고 있어야 합니다. 이처럼 부동산은 소유하기 전에 공부를 미리 다 해두어야 합니다. 그래야 10년마다 잃지 않는 성공 투자를 할 수 있습니다.

땅을 사려면 땅에 대해, 상가를 사려면 상가에 대해, 아파트를 사려면 아파트에 대해 잘 알아야 투자한 금액보다 더 많은 돈을 벌 수 있습니다. 만약 상가를 사겠다고 마음먹었다면 오늘부터 '임대'를 내놓은 상가 100곳에 전화를 해보세요. 나중에는 건물만 봐도 월세가 어느 정도인지 감을 잡을 수 있게 됩니다. 이런 수준이 되었을 때 투자를 하는 것이 좋습니다.

이는 어쩌면 상가 계약서를 잘 쓰는 것보다 더 중요합니다. 살면서 상가 계약서를 쓰는 일이 거의 없기 때문에 상가 공실 임대료를 파악하는 것이 어렵습니다. 공실 임대료를 파악할 줄 알면 투자에 임하는 기본이 갖춰집니다.

손해를 보는 투자, 망하는 투자는 누구의 잘못일까요? 모르고 산 당사자의 잘못이죠. 판 사람이나 사기꾼만 탓할 수는 없습니다. 사기를 당할 정도로 무지한 자신을 탓해야 합니다.

또 한 가지 중요한 것은 투자를 통해 이익이 생겼다고 해서 다른 투자에 손을 대서는 절대 안 된다는 것입니다. 그동안 제가 보고 배우고 익힌 노하우가 있습니다. 그것은 바로 한 우물만 파라는 것입니다. 그러면 1억 5천만 원으로 12억 원이 아니라 24억 원, 36억 원의 수익도 가능합니다.

10년마다 배우고 익힌 대로 투자하기 바랍니다. 스스로 터득하면 1억 5천만 원으로 시작한 투자가 은퇴자금뿐 아니라 3대까지 돈을 계속 공급해줄지도 모릅니다.

30대가 아니라 20대 때 부모에게 합법적으로 현금 증여를 받고 투자를 시작하면 30대를 이길 수 있습니다. 10년이란 세월이 돈이 됩니다. 시간이 돈을 벌어주는 구조이니까요.

돈의 노예가 되지 않으려면 부동산에 대해 일찍 이해하고, 공부하고, 투자하세요. 자신만의 투자계획서를 써보고 시작하기 바랍니다.

2021년 틈새시장을 공략하라

요즘 정부가 내놓는 부동산 대책을 보며 '이제 부동산 투자는 끝났다'라고 생각하는 사람이 많습니다. 부동산 투자로 큰 부자가 나오기 어려운 구조가 되었지만, 여전히 틈새시장은 있습니다. 서둘러 결론부터 이야기하면, 월세로 살더라도 목돈을 빼 틈새시장을 공략해 투자해야 합니다.

월세가 200만 원이라면 1년이면 2,400만 원, 10년이면 2억 4천만 원입니다. 그런데 2억 4천만 원 리스크를 안고, 그걸 만회할 매물을 찾으면 어떨까요? 1억 원 이상 돈이 있으면 월세로 살며 무주택자가 되어 대출을 받아 살 수 있는 곳, 그중 오를 곳을 잘 찾으면 승산이 있습니다.

예를 들어, 과거 나홀로 아파트는 거래가 잘 되지 않았습니다.

하지만 요즘은 다릅니다. 위치 좋은 나홀로 아파트는 내가 팔고자 할 때, 희소성 때문에 잘 팔립니다. 4억 원 하던 서울의 나홀로 아파트가 지금은 7~8억 원입니다.

이제 부동산 투자자의 미션은 10년 전 강남을 찾는 것입니다. 서울 25개 구 중 가능성 있는 투자처를 찾아야 합니다. 보통 부동산이 오르는 곳은 인프라, 일자리, 학군, 교통 등의 조건이 모두 좋습니다. 그래서 투자처 선정 시 이 조건들이 충족하는지 살펴보아야 합니다.

예를 들어 어떤 지역을 조사해보기로 했다면, 일단 그 지역에 있는 아파트를 모두 조사합니다. 대단지 아파트, 소규모 아파트, 나홀로 아파트의 리스트를 뽑습니다. 그런 다음 자신이 그 지역의 구민이라면 이 집을 팔았을 때 갈아탈 만한 동네를 꼽아보고, 그 동네로 가 물건을 살펴봅니다.

투자 금액이 너무 적어 나홀로 아파트를 사면 매매가 빨리 되지 않을까 걱정하시는 분들이 있는데, 위치가 좋으면 실수요가 100% 있습니다.

아파트를 고를 때는 위치에 따른 희소성이 가장 중요합니다. 한강변에 있는 빌라가 비싼 이유는 한강변에 있기 때문입니다. 한강변이라는 희소성은 사라지지 않으니까요.

물론 똘똘한 한 채를 사는 것이 너무 먼 이야기일 수도 있습니다. 그렇다고 투자를 포기해서는 안 됩니다. 처음에 띨띨한 한 채를 샀다 해도 매년 차익을 남겨 조금씩 더 좋은 곳으로 갈아타면 됩니다.

그럼 서울만 답일까요? 그렇지 않습니다. 어느 지역에나 랜드마크가 있습니다. 그곳의 나홀로 아파트 잡기에 나서는 것도 한 방법입니다. 그런 곳에는 반드시 실수요자가 사니까요.

대부분의 사람이 대단지 아파트를 선호합니다. 그런데 대단지 아파트에서 열 개의 매물이 나오면 내 것이 팔릴 때까지 기다려야 하고, 가격을 조정해야 할 수도 있습니다.

나홀로 아파트 보유자라면 서울 시내 부동산 30곳을 돌며 자신의 아파트를 브리핑해보세요. 분명 금방 나갈 것입니다. 내 집 마련이 꿈인 사람이 그 아파트를 살 것입니다.

실거래가 신고 내역을 보면 그 유명한 은마아파트는 가격이 뒷걸음질하기도 했지만, 위치 좋은 나홀로 아파트는 그렇지 않았습니다.

제가 제안하는 로드맵은 1억 원이 10년 뒤에 10억 원이 되는 그림입니다. 제발 몇 년 만에 그만두지 말고, 플랜을 가지고 10년 동안 반복해보세요. 그러면 띨띨한 한 채가 10년 후에는 똘똘한 한 채를 살 수 있는 돈으로 바뀌어 있을 것입니다.

다음은 서울의 교통 계획입니다. 트라이앵글을 주목하세요. 그 안의 지역은 정권과 정책이 바뀌어도 값이 떨어질 리 없습니다. 이유는 교통망 때문입니다. 교통이 어디로, 어떻게 뻗어나가는지가 돈의 길을 알려줍니다.

어떠한 물건 하나를 살 때도 인터넷을 검색하고 시장, 마트, 매

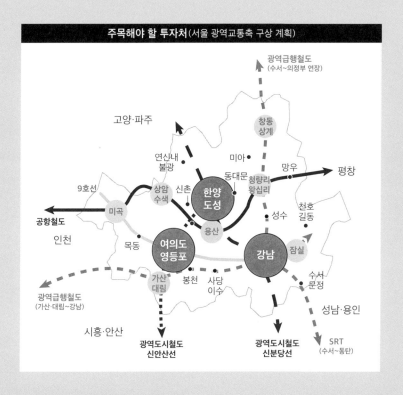

주목해야 할 투자처(서울 광역교통축 구상 계획)

장에 가서 가격을 비교합니다. 그런데 무려 부동산을 사려고 하면서 인터넷만 검색하는 사람들이 있습니다. 잃지 않는 투자를 하기 위해서는 발품이 필수입니다.

저는 부동산 투자자로서 지역을 익히기 위해 전국을 다녔습니다. 자전거를 이용해 골목 구석구석을 다녔죠. 그럴 때는 제가 김정호가 된 듯한 기분이 들었습니다. 직접 현장에 가서 발품을 팔며 리스트를 들여다보고, 조사하고, 고르고, 투자해보아야 합니다. 좋은 물건은 어느 날 갑자기 넝쿨째 굴러들어오지 않습니다.

발품을 팔며 많은 물건을 보다 보면 그곳들의 가치가 눈에 보일 것입니다. 인터넷이나 유튜브 영상, 책을 통해서는 절대 알 수 없는 것들을 하나하나 알게 되죠. 발품을 파는 것은 언제나 옳고, 답은 늘 현장에 있습니다.

부디 좋은 물건을 많이 보고, 과감하게 도전하고, 투자한 물건을 잘 키워가길 바랍니다. 부동산 투자에 촉각을 세우고 살길 바랍니다.

부동산 투자는 열심히 노력하는 만큼 돈을 벌게 되어 있습니다. 길게 보고 열심히 해나가면 분명 원하는 성과를 거둘 수 있을 것입니다. 여러분의 슬기로운 투자 생활이 열리길 기대합니다. 그 길에 많은 행운이 함께하길!

당신의 성공적인 투자를 도와줄
길벗의 부동산 도서들

부동산 상식사전

큰돈 들어가는 부동산 거래, 내 돈을 지켜주는 필수 상식 157!

계약 전 펼쳐보면 손해 안 보는 책!
집, 상가, 경매, 땅! 부동산 풀코스 완전정복!
20만 독자의 강력 추천! 13년 연속 베스트셀러

백영록 지음 | 580쪽 | 17,500원

부동산 경매 무작정 따라하기

내 집 마련은 물론 시세차익 실현, 임대수익 창출까지!

부동산 경매의 A to Z
왕초보도 실수 없이 권리분석하고 안전하게 낙찰받는다!
부동산 경매 대표 입문서

이현정 지음 | 424쪽 | 18,000원

이기는 부동산 투자

시장과 정책에 흔들리지 않는 부동산 투자의 정석!

인기부동산 팟캐스트 월전쉽이 공개하는 부동산 투자 비책
정책을 알면 현명한 투자의 길이 보인다!
부동산 현장에서 터득한 고급정보와 알짜 노하우 공개!

월전쉽 지음 | 312쪽 | 16,500원

나는 돈이 없어도 경매를 한다

서른 아홉 살, 경매를 만나고 3년 만에 집주인이 되었다!

» 돈 되는 집 고르기부터 맘고생 없는 명도까지 OK!
» 생동감 넘치는 경매 에피소드와 저자의 투자상세내역 대공개!
» 경매 상황별 궁금증을 속시원하게 풀어주는 Q&A와 깨알팁

특별부록 공실률 제로! 초간단 셀프 인테리어

이현정 지음 | 360쪽 | 16,000원

GTX 시대, 돈이 지나가는 길에 투자하라

사두면 오르는 아파트, 서울을 거치는 신설 역세권에 있다!

» 2020 부동산 블루오션 완벽 분석
» 도시철도 연장선과 GTX 노선의 투자 가치 전격 분석
» 현장조사 노하우부터 2020 세법을 완벽 반영한 실전 매매전략까지!

권말부록 알면 도움 되는 아파트 투자 핵심 질문 20

박희용(부동산히어로) 지음 | 260쪽 | 17,000원

아는 만큼 당첨되는 청약의 기술

2030 싱글도, 무자녀 신혼부부도, 유주택자도 당첨되는 청약 5단계 전략

» 5단계로 끝내는 청약 당첨 전략
» 청약 기초부터 실전 전략, 시장의 흐름을 보는 눈까지!
» 1,400명 당첨자를 배출한 청약 대표 강사 열정로즈의 실전 전략 대공개!

권말부록 2020-2021 수도권&지방 광역시 청약 예정 단지

열정로즈(정숙희) 지음 | 440쪽 | 18,000원

월급으로 시작하는 부동산투자

평범한 월급쟁이를 수십억대 부자로 만든 투자법

» 부동산 투자 20년 경력의 저자가 알려주는 부동산 투자의 흐름을 보는 법 & 투자 노하우
» 상승장에서는 확실하게, 하락장에서는 안전하게 투자하는 법
» 일하고 투자하며 부자 되는 선순환 투자 시스템 만들기

투자가 카일 지음 | 288쪽 | 16,500원